ÖSTERREICHISCHE AKADEMIE DER WISSENSCHAFTEN
PHILOSOPHISCH-HISTORISCHE KLASSE
SITZUNGSBERICHTE, 742. BAND

VERÖFFENTLICHUNGEN ZUR IRANISTIK
HERAUSGEGEBEN VON BERT G. FRAGNER UND VELIZAR SADOVSKI

NR. 36

MANFRED MAYRHOFER

EINIGES ZU DEN SKYTHEN, IHRER SPRACHE, IHREM NACHLEBEN

VERLAG
DER ÖSTERREICHISCHEN AKADEMIE DER WISSENSCHAFTEN
WIEN 2006

Vorgelegt von w. M. MANFRED MAYRHOFER
in der Sitzung am 23. Juni 2006

Die verwendete Papiersorte ist aus chlorfrei gebleichtem Zellstoff hergestellt, frei von säurebildenden Bestandteilen und alterungsbeständig.

ISBN-13: 978-3-7001-3731-3
ISBN-10: 3-7001-3731-1

Druck: Börsedruck Ges.m.b.H., 1230 Wien

http://hw.oeaw.ac.at/3731-3
http://verlag.oeaw.ac.at

VORWORT

Nach einem seinerzeit Aufsehen erregenden Vortrag des Autors unter dem gleichen Titel, wie ihn auch der vorliegende Band trägt, bemühten sich die Unterzeichneten – wie sich erweist, mit Erfolg – darum, diesen Text in der Reihe „Veröffentlichungen zur Iranistik" der Österreichischen Akademie der Wissenschaften publizieren zu dürfen.

Diese Bemühungen waren wohl begründet. Nicht nur, dass sich daraus die Möglichkeit ergab, ein Etymologikon einer iranischen Sprache trümmerhafter Bezeugung zu veröffentlichen, das den nach dem heutigen Forschungsstand anhand der Daten der (Primär- und) Sekundär-Überlieferung sicher zu bestimmenden Wortschatz des Skythischen erfasst. Darüber hinaus schien es uns auch möglich und durchführbar zu sein, das Erscheinen dieses Bandes derart zu organisieren, dass wir in der Lage sein würden, ihn rechtzeitig zum 26. September 2006 der Öffentlichkeit und nicht zuletzt dem Autor selbst vorzulegen – an seinem 80. Geburtstag.

Wir wissen sehr wohl um Manfred MAYRHOFERs Zurückhaltung vor persönlichen Ehrungen im öffentlichen Raum. Er möge uns dieses Eindringen in seine persönliche und private Sphäre verzeihen! Grund dafür haben wir sicher – wir brauchen uns nur seine Verdienste um die Entfaltung der Iranistik in Österreich zu vergegenwärtigen!

Schon in den Sechziger Jahren hat er sich fortgesetzt und intensiv darum bemüht, alle Aspekte der Iranistik an der Universität Wien zu beheimaten – nicht nur inhaltlich, sondern auch institutionell. Letzteres war vorerst nicht zu erreichen, was ihn jedoch nicht daran hinderte, andere Wege zur Verwirklichung seines Zieles zu beschreiten. Auf seine Initiative hin erfolgte an der Österreichischen Akademie der Wissenschaften am 26. November 1969 die Gründung einer „Kommission für die Ausarbeitung eines Iranischen Namenbuches", die knapp zwei Jahre später in „Iranische Kommission" und am 13. April 1988 in „Kommission für Iranistik" umbenannt wurde. Es mag manchen nicht mehr als eine Formalität erschienen sein – dennoch war dadurch zum ersten Mal seit Langem die Fachbezeichnung „Iranistik" wieder an einer österreichischen gelehrten Institution verankert worden. Diese Kommission stand von ihrer Gründung im Jahr 1969 an unter der Leitung Manfred MAYRHOFERs;

später folgten ihm in dieser Funktion Jochem SCHINDLER (†) und Heiner EICHNER. Es waren nicht zuletzt die Leistungen der Mitarbeiter dieser von Prof. MAYRHOFER ins Leben gerufenen und viele Jahre hindurch unmittelbar betreuten Forschungseinrichtung, die dazu beitrugen, dass sich das Präsidium der Österreichischen Akademie der Wissenschaften schließlich für die Umwandlung der Kommission in ein großzügig konzipiertes „Institut für Iranistik" entschied (zum 1. November 2002).

All das wäre ohne die vieljährigen Initiativen und ohne die Beharrlichkeit Manfred MAYRHOFERs in dieser Sache unmöglich gewesen. Die Angehörigen des heutigen Instituts für Iranistik verdanken ihm daher nichts weniger als eben diejenige Institution, die ihnen nunmehr ihre wissenschaftliche Heimstätte bietet. Dieser Umstand rechtfertigt sicherlich unser Ansinnen, die Präsentation des vorliegenden Bandes mit unseren besten Glückwünschen an den Jubilar und Autor dieses Werkes zu verbinden. Diese Wünsche beziehen sich auf seine persönlichen Belange genauso wie auf unsere Hoffnung auf weitere wegweisende gelehrte Beiträge Manfred MAYRHOFERs zu unserer Wissenschaft!

Für ihre redaktionelle Mitarbeit sei Frau cand. phil. Tatjana BARISLOWITSCH gedankt, die zur Bewältigung des schwierigen Manuskriptsatzes maßgeblich beigetragen hat.

Wien, 26. September 2006

Bert G. FRAGNER Velizar SADOVSKI

INHALT

EINIGES ZU DEN SKYTHEN, IHRER SPRACHE, IHREM NACHLEBEN

1. Zu den schönsten Strophen FRANZ GRILLPARZERs gehören die Worte, die er – in seinem Spätwerk „Ein Bruderzwist in Habsburg“[1] – Kaiser Rudolf II. an Julius von Braunschweig richten läßt:

Ich sage dir: nicht Szythen und Chazaren,
Die einst den Glanz getilgt der alten Welt,
Bedrohen unsre Zeit, nicht fremde Völker:
Aus eignem Schoß ringt los sich der Barbar,
Der, wenn erst ohne Zügel, alles Große,
Die Kunst, die Wissenschaft, den Staat, die Kirche
Herabstürzt von der Höhe, die sie schützt,
Zur Oberfläche eigener Gemeinheit,
Bis alles gleich, ei ja, weil alles niedrig.

1.1. Hier werden die Skythen – zusammen mit dem später wirkenden Turkstamm der Chasaren – neuerlich als Inbegriff des kulturzerstörenden Barbarentums genannt; ein alter Topos, wie er etwa auch in der Chronik für das Jahr 889 des Regino von Prüm erscheint, in seiner Beurteilung der „gens Hungariorum“ als „ferocissima et omni belua crudelior“[2].

1.2. Doch diesem Bild der ungebändigten und grausamen Skythen steht ein anderes gegenüber: das der „edlen Wilden“, aus deren Mitte ein griechenfreundlicher Weiser erstehen konnte – der Königssohn Anacharsis[3]. Diese Vorstellung des vielgereisten, der hellenischen Kultur verbundenen skythischen Adelssprosses geht in einen der meistgelesenen Romane des 18. Jahrhunderts über[4]; den Namen des Helden dieses Romans legt sich schließ-

---

[1] 3. Aufzug, 1266-1274. – FRANZ GRILLPARZER, *Sämtliche Werke*. Historisch-kritische Gesamtausgabe... herausgegeben von August Sauer. Erste Abteilung, Sechster Band (Wien 1927) 246 (mit Kommentar S. 479). – Ein neues Mal habe ich RÜDIGER SCHMITT und INGRID MAYRHOFER für vielerlei Hilfe, v. a. durch Mitlesung der Korrekturen, herzlich zu danken.

[2] Dazu WOLFRAM 1985, 99 („Noch ein Regino von Prüm stand in dieser Tradition, wenn er die Ungarn nach Iustinus darstellte ..., der seinerseits den Skythen-Logos Herodots nachgeschrieben hatte ...“); WOLFRAM 1990, 39; BRUNNER 2003, 440.

[3] Zu Name und Person s. u. **3.3**. Vgl. ferner die Lit. bei LÉVI 1981, 57 Anm. 1.

[4] J. J. BARTHÉLEMY, *Voyage du jeune Anacharsis en Grèce, dans le milieu du quatrième siècle avant l'ère vulgaire*, 1788; dazu KLEMPERER 1958, 477, KINDSTRAND 1981, 85ff., LÉVI 1981, 68 und Anm. 117, 118, MAYRHOFER 2005a, 515 und Anm. 3.

lich eine faszinierende Gestalt der französischen Revolution zu: der deutsche Adelige JEAN BAPTISTE VON CLOOTS, der aus Begeisterung für die Ideale der Menschheits-Erneuerung nach Paris gekommen war und sich alsbald ANACHARSIS CLOOTS nannte; denn wie dieser Skythe „durfte auch er einer großen Revolution beiwohnen, und wie in jenem, lebte auch in ihm der glühende Wunsch, alle Barbaren zu hellenisieren"[5].

Das Ende dieses redegewaltigen Jüngers des neuen Menschentums war abzusehen: er starb als ein Opfer von ROBESPIERREs Tugend-Terror am 24. März 1794.

2. Die Faszination des Skythen-Phänomens bis in die Neuzeit hinein ist nach diesen Hinweisen verständlich. – Die Frage nach der Zugehörigkeit der Skythen hat sich nach dem Erwachen der vergleichenden Sprachforschung früh gestellt[6]. Die Antwort wird dadurch erschwert, daß wir im Terminologischen wie in der Interpretation der Zeugnisse ein verwirrendes Durcheinander finden[7]; so wird die mit dem Skythischen zweifellos verwandte, jüngere Sprachform des Sarmatischen[8] von einigen Autoren mit ihm vermengt, woraus kühne Schlüsse dialektologischer Art gezogen wurden[9]. Es ist nach wie vor das Beste, mit MAX VASMER (1923) „für skythisch nur das zu halten, was Herodot oder noch ältere Quellen als skythisch bezeichnen"[10]. Eine kritische

---

5 So STERN 1914, 124; vgl. KINDSTRAND 1981, 93ff. (mit weiterer Lit.), MAYRHOFER 2005a, 519 und Anm. 4.

6 In der Zeit davor hatte man noch, wie LEIBNIZ, die Vorstellung einer „nebelhaft weite[n] Ausdehnung" des „Skythenlandes" nach Norden und nach Osten (SCHULENBURG 1973, 103); auch R. RASK spricht noch von einer „skythischen Rasse", der die Völker des Kaukasus angehörten (weshalb „kaukasische Rasse" für die Sprecher der indogermanischen Sprachfamilie abzulehnen sei). „Rask macht also uralte Völkernamen wie ... *Skythen* zu Rassennamen" (RÖMER 1989, 126). – Über die Vermutung einer „common language, which he called Scythian, as the mother of the Greek, the Latin, the German and the Persian" bei M. Z. BOXHORN (1602-1653) s. FELLMAN 1975, 37c (mit weiterer Lit. [besonders BONFANTE 1953, 691]). Vgl. ferner KLINKOTT 2005, 40a f.

7 S. SCHMITT 1989a, 93.

8 Vgl. dazu v.a. BIELMEIER 1989, 238 und Anm. 9, 238f. (mit der älteren Lit.), 244f.; an Weiterem ist zu beachten: F. THORDARSON, *FsHumbach* 504 (zu möglichem Fortleben des „ar. freie[n] Wortakzent[s] im mittelalterlichen alanischen Protodialekt ..."; s. auch S. 502 [„skythisch-sarmatischer Protodialekt des Ossetischen"], 505 [„das Skythisch-Sarmatische"]); HUYSE 1998, 167f.; LUBOTSKY 2002, 190 und Anm. 2.

9 Ausgezeichnet referiert bei SCHMITT 1989a, 93; neuerdings SCHMITT 2003, 2.

10 VASMER 1923/1971, 112 (in der Paginierung des Nachdrucks von 1971 [s. u. Anm. 12]; VASMERS Sperrung wird nicht wiedergegeben). — Dazu SCHMITT 1989a, 93, MAYRHOFER 2002, 150 („Einschränkung dieses schillernden Terminus").

Sichtung dieses Materials wird schließlich den Befund bestätigen, daß die deutbaren Sprachreste der Skythen eine altiranische Sprache wiedergeben (u. **9**).

2.1. Vorherodoteisch ist der Skythenname assyr. *Iš-pa-ka-a-a* in drei Inschriften Asarhaddons (Anführer der mit den Mannäern verbündeten Skythen, die 676/675 v. Chr. besiegt wurden; BORGER 1956, 52, 100), offenbar **Spaka-i̯a-* (Hinweis R. SCHMITT); ebenso früh ist der erste Beleg von Σκύθαι (bei Hesiod, ca. 700 v. Chr.; s. **3.42**[.**1**]).

3. Ich beginne mit einer Besprechung der Fälle, die diesem „Skythisch im engeren Sinne" (~ vorwiegend Hdt) zugeschrieben wurden[11].

3.1. Ἄβαρις 'ein hyperboreischer Priester und Heilkünstler' (Hdt IV 36). „Unklar, ob skythisch, und etymologisch dunkel"; V23/71, 114[12]. – S. KINDSTRAND 1981, 18ff., CORCELLA 2001, 261f. (jeweils mit Lit.).

3.2. Ἀγάθυρσος ein Sohn des Herakles (Hdt IV 10), eponymer Stammvater der Ἀγάθυρσοι (Hdt IV 104). – „Es ist ... nicht verwunderlich, daß der Name vielen nicht als skythisch ... gilt .... Alle Überlegungen zur Etymologie bleiben deshalb spekulativ": SCHMITT 2003, 3 (mit Lit.); s. u. **3.20**.

3.3. Ἀνάχαρσις: der weitgereiste Weise, Sproß des skythischen Königshauses (o. **1.2** und Anm. 3-5); zu ihm s. Hdt IV 46, 76 (~ **3.40**), aber auch „zahlreiche weitere Berichte und Nennungen in der antiken Literatur (u. a. bei Platon und Aristoteles)" (SCHMITT 2003, 3). – Die Herkunft des Namens dieses vielleicht faszinierendsten Skythen (s. auch CORCELLA 2001, 294) ist nicht geklärt; s. die gründliche und kritische Besprechung der bisherigen Lit. bei SCHMITT 2003, 3f. und Anm. 8, 9.

3.4. Ἀπί nennen die Skythen nach Hdt IV 59 die Erde (γῆ). – HUMBACH 1960, 324 vermutet ansprechend, Herodot sei „da einer Verwechslung mit *ap-* Wasser erlegen. Die Verwechslung ist in der Reihe 'Erde-Wasser' entstanden, wie sie sich z.B. im Awestischen öfters findet"[13].

3.4.1. Zu beachten NYBERG 1938, 254.

3.5. Ἀργιππαῖοι ein Volk in Sibirien (Hdt IV 23; mit Varianten wie Ὀργιμ°, Ὀργεμ° usw., V23/71, 114f., HOLZER 1988, 211 Anm. 44 [mit Lit.]). – Zu Deutungen s. V23/71, 115 („Non liquet"), HOLZER 1988, 211 („Ἀργι- ...

[11] Für **3.1** ff. und **4.1** ff. gilt Reihung nach dem griechischen Alphabet (auch bei Wörtern in lateinischer Graphie [*c* = κ, *ch* = χ]).

[12] V23/71 steht ab diesem Paragraphen für VASMER 1923/1971; die Seitenangaben entstammen dem Nachdruck von 1971. Vgl. oben Anm. 10.

[13] Über ältere Zusammenstellungen von Ἀπί und „avest. *āpī* 'Wasser'" s. (ablehnend) V23/71, 114.

bleibt mir unklar“; s. **3.10** s. v. ᾿Αρτίμπασα, **3.18.1** s. v. ᾿Εξαμπαῖος). [Vgl. demnächst R. SCHMITT, *HS* 2006.]

3.6. ᾿Αριάντας Name eines skythischen Königs (Hdt IV 81); enthält „nach verbreiteter Ansicht das Element altiran. *Ariya-* ‘arisch, iranisch’“ (SCHMITT 2003, 4; ebenso **3.7**). – Für das Hinterglied kommt „am ehesten ... *°*ăn̆ta-* in Frage“, wofür sich jedoch keine überzeugende Deutung zu ergeben scheint (SCHMITT, a. a. O. mit Anm. 12)[14].

3.7. ᾿Αριαπείθης Name eines skythischen Königs (Hdt IV 76, 78; s. SCHMITT 2003, 4f. und Anm. 13 zur Prosopographie). – Enthält gewiß ᾿Αρια° ‘iranisch’, wie in **3.6**; das Hinterglied ist mit hoher Wahrscheinlichkeit vermittels der bereits indoiranischen Gleichung jav. (*vīspō.*)*paēsah-* = ved. (*viśvá-*)*peśas-* ‘(allen) Schmuck (habend)’ erklärbar (s. die frühe Lit. bei V23/71, 115). Gr. -θ- erweist jedoch nicht skyth. *°*pai̯θah-* (gegen VITČAK 1992, 55, LOMA 2000, 341, 344), sondern erklärt sich durch Angleichung an gr. Namen wie Διο-πείθης[15]. S. u. **8.1**; vgl. Σπαργαπείθης (und °πίσης), u. **3.45.1**. – S. u. **3.32**, **3.33**, **3.45**.

3.8. ᾿Αριμασποί Name eines Volkes (?). Hdt IV 27 (auch III 116, IV 13); als „einäugige“ bezeichnet (ἄνδρας μουνοφθάλμους IV 13), wofür in IV 27 eine Erklärung aus der Sprache der Skythen gegeben wird, in der ἄριμα ‘ein’ und σποῦ ‘Auge’ bedeute. Über Versuche, diese Skythenwörter zu rechtfertigen, s. (mit reicher älterer Lit.) V23/71, 115 (~ jav. *airima-*, angeblich ‘einsam’ [vielmehr ‘still’, NARTEN 1968, 247 = 1995, 71]; σποῦ gr. Gen. Sg. zu *σπός = jav. *spas-* ‘Späher’), PIRART 1998, 239ff.; vgl. auch VITČAK 1992, 53, 54. – Richtig vielmehr HUMBACH 1960, 323 („... daß Herodot ... einem übereifrigen Etymologen zum Opfer gefallen ist“); vermutlich liegt ein Name auf *aspa-* ‘Pferd’ vor (HUMBACH, a.a.O.; s. PIRART 1998, 239, 250ff. [~ RV 1, 163, 10 *īrmā́ntāsaḥ* ... *áśvāḥ*], TREMBLAY 2005, 14a).

3.9. ᾿Αρπόξαϊς (Hdt IV 5; 6) der mittlere der drei Söhne des Ταργίταος (**3.50**); er gilt als Stammvater der Κατίαροι (**3.21**) und der Τράσπιες (**3.53**). Mit den Namen seiner Brüder Κολάξαϊς (**3.22**) und Λιπόξαϊς (**3.23**) hat der Name des ᾿Α° ein Hinterglied °ξαϊς gemeinsam, das als iran. **xšai̯a-* ‘herr-

---

[14] Den theoretischen Möglichkeiten ließe sich noch eine Entsprechung von ved. **āntá-* ‘geschworen’, *āntaka°* ‘eidliche Abmachung’ (zuletzt MAYRHOFER 2005, 97, mit Lit.) anschließen.

[15] So (mit gründlicher Besprechung der älteren Lit.) SCHMITT 2003, 5f.; wichtig ist SCHMITTS Beobachtung zur handschriftlichen Variante ᾿Αριπείθης (a.a.O. 5, Anm. 14): „sie ist *lectio facilior* und erklärt sich leicht durch Anschluß an griech. ἀρι- ..., nachdem auch -πείθης ... gut griechisch wirken mußte“.

schend' gedeutet wird („... acceptée par tout le monde" [IVANTCHIK 1999, 145 Anm. 9]; ein beachtenswerter formaler Einwand jedoch bei SCHMITT 2003, 2). – Die Vorderglieder der drei Namen auf °ξαϊς haben jeweils mehrere Deutungsvorschläge erfahren, die einander schwächen; das „Ergebnis" der Durchsicht dieser Vorschläge „ist niederschmetternd" (SCHLERATH 1996, 14).

3.9.1. Für 'Αρπό- s. V23/71, 115, SCHLERATH 1996, 12f., SCHMITT 2003, 6f. („am wenigsten spekulativ" [S. 7] iran. **arpa-* = ved. *álpa-* 'klein, wenig'; die Möglichkeit von iran. **harpa-* 'Schlange' = ved. *sarpá-*, vgl. Br + *sarpa-rājñī́-*, bliebe diskutierbar).

3.9.1.1. Der unter **3.9.1** genannten Lit. ist die absurde Erklärung von W. NAGEL, *AcPraeh* 1 (1970) 204a anzufügen.

3.10. 'Αρτίμπασα: eine der Handschrift-Varianten für den skythischen Namen der Οὐρανίη ... 'Αφροδίτη in Hdt IV 59; von HUMBACH 1960, 324f. Anm. 4 bevorzugt, welcher „Zusammenhang mit dem Namen der Glücksgöttin airan. **r̥ti-*, aw. *aši-* ..." annimmt (s. auch VITČAK 1992, 58). Die Lesung 'Αργίμπασα steht nach HUMBACH, a.a.O. unter dem Einfluß des Volksnamens 'Αργιππαῖοι usw. (**3.5**), zu dem andere auch den Namen der Göttin als 'Αργίμ° stellen (s. die Angaben bei V23/71, 115; NYBERG 1938, 254, 464; CORCELLA 2001, 281).

3.11. Αὐχάται Name eines skythischen Stammes (Hdt IV 6), der auf Λιπόξαϊς (**3.23**) zurückgeht. – Nicht einmütig gedeutet.

3.11.1. S. V23/71, 116 („Dunkel"); HUMBACH 1960, 322 (**ava-hāta-* 'losgebunden'; dagegen KOTHE 1969, 65, SCHLERATH 1996, 12 [mit weiterer Lit.]); IVANTCHIK 1999, 151f.; CHEUNG 2002, 136 (~ **3.26.1**).

3.12. Βορυσθένης Name eines Flusses, der Dnjepr (Hdt IV 17, 18, 53 u.a.). – Iranisch zu deuten? Vgl. F. THORDARSON, *FsHumbach* 502 (**u̯arustāna-* 'breite Stelle'), VITČAK 1992, 58. – Anders SCHMID 1994, 241ff., 309; SCHRAMM 1973, 103 (skyth. **brustana-* o.ä.); J. V. OTKUPŠČIKOV, *ALH* 24 (1974) 277ff. (slav.).

3.12.1. Referat von ganz Unglaubhaftem auch bei SCHRAMM 1973, 101 Anm. 253.

3.13. Βουδῖνοι ein Nomadenstamm (Hdt IV 21, 122 u.a.; CORCELLA 2001, 249).

3.13.1. Nach LOMA 2000, 342 „skyth. Spottname für die den Dionysos in Bocksgestalt verehrenden Geloner" (~ **3.14**), zu „skyth. **būδa-* 'Ziege, Ziegenbock'" < *b^hŭ̄ǵo-*, av. *būza-* (?).

3.13.2. Anders Z. GOŁĄB, *Onomastica* 19 (1974) 131ff.; s. **3.13.1**.

3.14. Γελωνός (Hdt IV 10), Ahnherr der Γελωνοί (Hdt IV 102, u.a.; s. **3.13.1**). Primär ein Ethnikon; „gewöhnlich ... nicht zum Skythischen" gerechnet (SCHMITT 2003, 7).

3.15. Γνοῦρος ein Skythenkönig (Hdt IV 76). – Von der ernstzunehmenden Lit. „als nicht-iranisch betrachtet" (SCHMITT 2003, 7f. und Anm. 24). – S. **3.24**, **3.40**.

3.16. Γοιτόσυρος (Variante Οἰτό°, V23/71, 116, CORCELLA 2001, 281) skythischer Name des Apollon (Hdt IV 59). – Möglicherweise (mit Älteren, V23/71, a.a.O.) zu aav. jav. *gaēθā-* f. 'Herde, Habe', jav. *sūra-* 'stark', als „*kräftige Herden besitzend" (HUMBACH 1960, 324) oder besser „*stark durch seine Habe" (R. SCHMITT, briefl.; ~ SCHMITT 2006, 139).

3.17. Ἐνάρεες = οἱ ἀνδρόγυνοι (Hdt IV 67, s. auch I 105). – Offenkundig **a-nar̯ia-* 'unmännlich'; s. V23/71, 116 (mit früher Lit.); HUMBACH 1960, 323 (skeptisch zu ἐ- = **a-*); LOMA 2000, 343; CORCELLA 2001, 287 (mit Lit.); BRUST 2005, 258ff.

3.18. Ἐξαμπαῖος (Hdt IV 52, 81): Name einer Quelle des Hypanis (auf Griechisch ἱραὶ ὁδοί 'heilige Wege'); nicht überzeugend erklärt.

3.18.1. Vgl. V23/71, 116 (mit Lit.), HUMBACH 1960, 323, HOLZER 1988, 211, 1989, 200 („... kann ... ohne weiteres aus einer vorskythischen Schicht ... stammen"), VITČAK 1992, 58, SCHMID 1994, 262, CORCELLA 2001, 175. – S. ferner **3.5** (zum Anklang an °πηαῖοι ~ °μπαῖοι).

3.19. Θαγιμασάδας skythischer Name des Poseidon (Hdt IV 59); Vorschläge zum Etymon in V23/71, 116, HUMBACH 1960, 324 Anm. 4, LOMA 2000, 342, s. auch CORCELLA 2001, 282. Hingewiesen wird („ohne daß [dies] ... irgendwie weiterhülfe", SCHMITT 2003, 13) auf °μασάδης in Ὀκτα°, u. **3.31**.

[**3.19.1.** Θυσσαγέται (Hdt IV 22, 123): „iranische Benennung eines nichtiranischen Volkes" (SCHRAMM 1973, 86 Anm. 210)?].

3.20. Ἰδάνθυρσος Name des Königs über eines der skythischen Reiche zur Zeit von Dareios' I. Skythenfeldzug (Hdt IV 76 u.a.; SCHMITT 2003, 8). – Vgl. Ἀγάθυρσος (**3.2**); zu Recht urteilt SCHMITT, der alle Deutungsvorschläge zu Ἰδ° bespricht (a.a.O. 8 und Anmm. 26-28, 9 und Anm. 29), schließlich (a.a.O. 9) „ ... bleiben ... auch bei diesem Namen ... alle Fragen offen".

3.21. Κατίαροι ein Skythenstamm, als dessen Stammvater Ἀρπόξαϊς (**3.9**) gilt, Hdt IV 6. – Referat diverser, allesamt nicht zwingender Deutungen bei SCHLERATH 1996, 11f.; s. ferner IVANTCHIK 1999, 152f.

3.22. Κολάξαϊς (Hdt IV 5; 7), der jüngste der drei Targitaos-Söhne (~ **3.9**), dem schließlich die Herrschaft zufiel; Ahnherr der Παραλάται (**3.36**).

– Name auf °ξαϊς, wie die Namen seiner Brüder (s.o. **3.9**, mit Verweisen); Κολά° ist, wie die Vorderglieder der beiden anderen Namen, vielfach gedeutet worden – und wie diese ist es ohne anerkannte Erklärung. Vgl. V23/71, 117; VITČAK 1992, 53; SCHLERATH 1996, 13f.; MAYRHOFER 2002, 151 und Anmm. 10, 11; SCHMITT 2003, 9ff.

3.22.1. Absurdes bei W. NAGEL, *AcPraeh* 1 (1970) 204a.

3.23. Λιπόξαϊς (Hdt IV 5; 6), der älteste der drei Targitaos-Söhne (~ **3.9**), Ahnherr der Αὐχάται (**3.11**). – Der Name endigt, wie die Namen seiner Brüder, auf °ξαϊς (**3.9**; **3.22**). Das Vorderglied Λιπό°[16] ist mehrmals, und nie voll überzeugend, gedeutet worden.

3.23.1. S. V23/71, 117; SCHLERATH 1996, 13; MAYRHOFER 2002, 252 und Anmm. 12, 13; SCHMITT 2003, 11f. – Absurd W. NAGEL, *AcPraeh* 1 (1970) 204a.

3.24. Λύκος (Hdt IV 76): ein Skythenkönig, Vater des Γνοῦρος (**3.15**), Sohn des Σπαργαπείθης (**3.45**). – Der Gleichklang mit dem häufigen gr. Namen Λύκος („Wolf") erlaubt zwei mögliche Deutungen: Übersetzung eines iranischen Namens (etwa **Vr̥ka-*) ins Griechische, oder Angleichung eines lautlich nahe stehenden Namens (**Lū̆ka-*/**Rū̆ka-*) an gr. λύκος. S. SCHMITT 2003, 12 und Anmm. 42-44.

3.24.1. Zum Flussnamen Λύκος (Hdt IV 123) s. die Überlegungen bei SCHRAMM 1973, 186ff.

3.25. Μαδύης (Hdt I 103): ein Skythenkönig, der sein Volk im 7. Jhdt. v. Chr. gegen die Meder geführt haben soll; Sohn des Προτοθύης (**3.38**). Bei Strabon Μάδυς (Gen. Sg. Μάδυος). – Vielleicht zu jav. *maδu-* 'Beerenwein' usw. gehörig; s. SCHMITT 2003, 12f., mit Lit. (~ **5.2**).

3.26. Μασσαγέται ein Volk östlich des kaspischen Meeres (Hdt I 201, IV 11, u.a.). – Der Name dieses Volkes wird (wegen seiner bevorzugten Ernährung?) zu iir. **matsi̯a-* (jav. *masiia-* u.a.) 'Fisch' gestellt, s. die Lit. bei V23/71, 117; unsicher.

3.26.1. S. auch den Hinweis auf „*-t(ā)* as a 'Scyth.' plur. suffix" (THORDARSON 1989, 469) in solchen Namen (vgl. CHEUNG 2002, 136; s. Αὐχά-ται, o. **3.11.1** [~ SCHRAMM 1973, 178]). – Andererseits ist auf RV *Mátsya-* 'Name eines Volkes' ~ RV + *mátsya-* 'Fisch' u. dgl. hinzuweisen (MAYRHOFER 2003, 68). – Vgl. ferner SCHMITT 2006, 251.

3.27. °ξαϊς, s.o. **3.9** (mit Verweisen).

---

[16] Zu abweichenden Lesarten (wie Νιτό°, Λειπό° u.a.) s. SCHMITT 2003, 11; sie lassen „keinen Zweifel daran ..., daß Λιπόξαϊς ... die ursprüngliche Form ist" (SCHMITT, a.a.O.).

3.28. Ὄαρος ein Fluß (Hdt IV 123, 124). – Zur näheren Zuweisung und zu einer iran. Namensdeutung (**u̯aru-*) s. SCHRAMM 1973, 99f., 113ff., HARMATTA 1988, 130 (= 2002, 216); weitere Lit. bei CORCELLA 2001, 323.

3.29. Οἰόρπατα Name der Amazonen bei den Skythen; nach Hdt IV 110 aus skyth. οἰόρ 'Mann' („καλέουσι ἄνδρα") und πατά 'morden' („τὸ δὲ πατὰ κτείνειν"). Davon dürfte die Mitteilung über Οἰόρ° (für *Οἰρό°) richtig sein (= aav. jav. *vīra-* usw. 'Mann', CHEUNG 2002, 41, 193); die Deutung von °πατα bleibt umstritten.

3.29.1. Vgl. V23/71, 117f. (mit Lit.); HUMBACH 1960, 323f. (für *ζατά, s. av. ap. *ǰan-* 'schlagen, töten', [°]*ǰata-* 'getötet', aav. *ǰə̄nar-* [*ǰə̄n.nar-*] 'killer of men' u.a. [MAYRHOFER 1996, 800]?); SCHMEJA 1974, 386ff.; CORCELLA 2001, 320; BRUST 2005, 483ff. – S.u. **5.1**.

3.30. Οἰτόσυρος, s. **3.16**.

3.31. Ὀκταμασάδης (mehrmals in Hdt IV 80): ein Sohn des Ἀριαπείθης (**3.7**) und Halbbruder von Σκύλης (**3.43**). – Im Vorderglied des Namens wird seit MÜLLENHOFF altiran. **uxta-* 'gesprochen, Wort' (jav. °*uxta-* ~ aav. jav. *uxδa-*) gesehen (V23/71, 118, HUMBACH 1960, 324 Anm. 4, SCHMITT 2003, 13f.); das Hinterglied könnte altiran. **mazatā-* 'Größe' sein, vgl. SCHMITT, a.a.O. 14 und Anmm. 48-50; s. °μασάδας in Θαγι°, o. **3.19**.

3.32. Ὀποίη (Hdt IV 78): eine Frau des Ἀριαπείθης (**3.7**), Mutter des Ὄρικος (**3.33**); nach der Ermordung des Ariapeithes heiratete sie dessen von einer anderen Frau geborenen Sohn Σκύλης (**3.43**), somit ihren Stiefsohn. – Der Name enthält wohl skyth. **hu°* 'gut'; seine Deutung als **hu-pāi̯ā-* 'guten Schutz gewährend' bleibt möglich (s. V23/71, 118, CORCELLA 2001, 297, SCHMITT 2003, 14f.).

3.32.1. Ὀργιμπαῖοι, Ὀργεμ°, s. **3.5**.

3.33. Ὄρικος (Hdt IV 78): ein Skythe; Sohn des Ἀριαπείθης (**3.7**) und der Ὀποίη (**3.32**). – Mehrere Deutungsvorschläge, die von altiran. **u̯ar°* ausgehen, referiert SCHMITT 2003, 15f.; höchst ansprechend ist SCHMITTs eigener Vorschlag (a.a.O. 15), wonach **u̯ari-ka-* eine Koseform zu komponierten Namen auf **°u̯ari-* 'Brustwehr' (des Typs aia. *Granthi-ka-* ~ *Dāma-granthi-* N.pr.) ist – vgl. die jav. Männernamen *Basta-uuari-*, *Yuxta-uuari-*, *Zairi-uuari-*.

3.33.1. S. dazu SCHMITT 2006, 261f.

3.34. Παντικάπης Name eines Flusses (Hdt IV 18, 19, 54, s. CORCELLA 2001, 276). – Enthält wohl skyth. **kapa-* 'Fisch' (khot. *kava*, paṣ̌to *kab* usw.; MORGENSTIERNE 2003, 38); vielleicht „*fish-path" (SIMS-WILLIAMS 1989, 169), als „umgekehrte[s] Tatpuruṣa-Komposit[um]" (BIELMEIER 1989, 243),

s. av. *paṇt°/paθ-* ‘Pfad’ usw. (ABAEV 1958, 183ff., CHEUNG 2002, 197). S. u. **6.7.1**!

3.35. Παπαῖος skythischer Name des Zeus (Hdt IV 59). – Wohl zum Lallwort πάππα ‘Vater’ gehörig, was bereits Herodots Meinung zu sein scheint („Ζεὺς δὲ ὀρθότατα κατὰ γνώμην γε τὴν ἐμὴν καλεόμενος Παπαῖος“; s. NYBERG 1938, 254, HUMBACH 1960, 324); vgl. (mit weiterer, auch abweichender Lit.) CORCELLA 2001, 280.

3.36. Παραλάται ein skythisches Königsgeschlecht, das Kolaxaïs zum Stammvater hat (**3.22**). – Seit der Frühzeit der Forschung mit jav. *paraδāta-* (Name oder Epitheton des *Haošiiaŋha-*, s. die Lit. bei MAYRHOFER 1979a, I/67) verbunden; V23/71, 118, HUMBACH 1960, 322, IVANTCHIK 1999, 148ff. (mit reicher Lit.), LOMA 2000, 343, CORCELLA 2001, 233, MAYRHOFER 2002, 150f. und Anm. 8, SCHMITT 2003, 9 Anm. 30.

3.36.1. Anders SCHMEJA 1981, 352f.; dazu kritisch SCHLERATH 1996, 11. – S. u. **8.3**.

3.37. Πόρατα Name eines Flusses, Pruth (Hdt IV 48 [„Σκύθαι Πόρατα καλέουσι, Ἕλληνες δὲ Πυρετόν“; zu weiteren Ausprägungen des Namens s. SCHRAMM 1973, 49ff.]). – Umstritten; s. SCHRAMM, a.a.O. 50 (mit Anmm. 129-133), 51ff., 55, 65; CORCELLA 2001, 272; CHEUNG 2002, 14, 71, 129, 190.

3.38. Προτοθύης ein Skythenkönig (Hdt I 103), Vater des Μαδύης (**3.25**). – Eine glaubhafte iranische Deutung geht von **Pr̥θu-tau̯ah-* (Nom. Sg. *°*u̯ā*) aus, „*dessen Kraft weit reicht“ (~ aav. jav. *pərəθu-* ‘breit’, jav. *°tauuah-* ‘-Kraft’); dazu der neuassyrische Name eines Skythenkönigs, *Bar-ta-tu-a*. – SCHMITT 2003, 16f., mit Diskussion der relevanten Lit.

3.38.1. Eine Alternativdeutung – altiran. **Pr̥θu-tuu̯ant-* ‘weithin vermögend’ – bei SCHMITT, a.a.O. 17.

3.38.2. Zu den handschriftlichen Grundlagen der in der älteren Fachliteratur beliebten Form Πρωτο° s. SCHMITT, a.a.O. 16 Anm. 58.

3.38.3. Für die lautliche Entwicklung des Skythischen ist aus *° *θu-t*(*a*)° = gr. °το-θύ° wohl nichts zu gewinnen: *° *θu-t*° = gr. °το-θ° kann einer Metathese (< gr. *°θο-τ°) zugeschrieben werden (SCHMITT, a.a.O. 17).

3.39. Σάκαι ein Stamm der Skythen (Hdt VII 64, u.a.); ap. *Saka-* (~ *Sakā haumavargā*, s. Hdt., a.a.O. Σκύθας Ἀμυργίους ... [„οἱ γὰρ Πέρσαι πάντας τοὺς Σκύθας καλέουσι Σάκας“]). – S. V23/71, 118 (mit Lit.), LOMA 2000, 342; Vorschläge zum Etymon bei SZEMERÉNYI 1980, 46 = 1987-1991, 2092.

3.40. Σαύλιος ein Skythenkönig (Hdt IV 76), Sohn des Γνοῦρος (**3.15**); er soll seinen Bruder Ἀνάχαρσις (**3.3**; **4.4**) getötet haben. – Der Handschriftenbefund (z.B. Codex Vaticanus D Σαυλαίῳ, Σαυαίου, Σαυάιος,

ROSÉN 1987, 394) „läßt den Verdacht aufkommen, daß ΣΑΥΛΙΟΣ erst im Laufe der Herodotüberlieferung aus ΣΑΥΑΙΟΣ entstanden ist“ (SCHMITT 2003, 18). Für Σαυαῖος gäbe es gute Interpretationsmöglichkeiten, so als Koseform *s(i̯)ā̆u̯-ai̯a- zu altiranischen Namen wie jav. *Siiāuuaršan-*, *Siiāuuāspi-* (~ sarmat. Σιαυα-κος = Koseform *s*i̯*āu̯a-ka-*); SCHMITT, a.a.O. (mit der wesentlichen Lit., a.a.O. 17f.).

3.40.1. S. u. **4.8.**

3.41. Σκολόται: Der einheimische Name der Skythen (Hdt IV 6). S. die Erwägungen zu Σκύλης, u. **3.43.**

3.42. Σκύθης: Der Stammvater der skythischen Könige (Hdt IV 6); nach dem „Ableitungstypus ‘Ethnikon → Anthroponym’“ (SCHMITT 2003, 19) zum Namen der Skythen (Σκύθαι). – Das Etymon des Volksnamens (~ assyr. *As/Áš-ku/ku₈-za-a-a, Iš-ku-za[-a-a]*, hebr. * *ʾškwz* [für *ʾšknz*]) bleibt unsicher.

3.42.1. S. ausführlich – mit aller wesentlichen Lit. – SCHMITT, a.a.O. 18-20. Dort (S. 19) auch Zweifel an der Deutung aus **Skuδa-* < **skud-o-* ‘shooter, archer’ von SZEMERÉNYI 1980, 16ff. = 1987-1991, 2062ff. (ferner DIAKONOFF 1981, 138, LOMA 2000, 343); Erwägung einer Grundform **Skuǰa-* (S. 19 und Anm. 70). – Vgl. o. **2.1**, u. **4.6**, **4.7**.

3.43. Σκύλης (Hdt IV 76, 78, 79, 80) Sohn und Nachfolger des Ἀριαπείθης (**3.7**); zugunsten seines Halbbruders Ὀκταμασάδης (**3.31**) als König abgewählt, der ihn köpfen ließ (Hdt IV 80). Mit dem Volksnamen der Σκολόται (**3.41**) zusammengestellt, was möglich bleibt (SCHMITT 2003, 20f., mit der einschlägigen Lit.).

3.43.1. Mit SZEMERÉNYI 1980, 22 = 1987-1991, 2068 skyth. **Skula-*; fraglich bleibt, ob auch Σκύθης/Σκύθαι als **Skuδa-* hierhergehört (SCHMITT, a.a.O. 20f. und Anm. 75; s.o. **3.42.1**).

3.44. Σκώπασις (Hdt IV 120, 128): König einer Abteilung der Skythen, zu der die Sauromaten stießen. – Der Name (Handschr.-Variante an beiden Textstellen: Κώπασις) ist ungeklärt; s. SCHMITT 2003, 21 und Anmm. 76, 77 (mit der einschlägigen Lit.).

3.45. Σπαργαπείθης Name eines skythischen Königs, Vater des Λύκος (**3.24**; Hdt IV 76, 78); Name eines Königs der Agathyrsen, der den Ἀριαπείθης (**3.7**) ermordete (dazu SCHMITT 2003, 21 und Anm. 78).

3.45.1. Das Hinterglied °πείθης ist mit dem des Namens eines Anführers der Massageten, Σπαργα-πίσης (Hdt I 211, 213), des Sohnes der Τόμυρις (**3.52**), zu verbinden; °πείθης/πίσης sind mit dem Hinterglied von Ἀριαπείθης zu vergleichen und wie dieses zu beurteilen (o. **3.7** und Anm. 15).

3.45.2. Das Vorderglied Σπαργα° wird seit dem 19. Jhdt. als altiran. **sparga-* 'Sproß, Schößling' erklärt (jav. *sparəγa-* 'Sproß', *frasparəγa-* 'Schößling', buddh. sogd. *'sprym'k* 'Blume', usw. [BAILEY 1979, 473b]); s. SCHMITT 2003, 22 und Anmm. 80-84 (mit reicher Lit.).

3.46. Σπαργαπίσης, s. o. **3.45.1**.

3.47. Ταβιτί skyth. Name der Hestia (Hdt IV 59: „οὐνομάζεται δὲ Σκυθιστὶ Ἱστίη μὲν Ταβιτί"). – Nicht von altiran. **tap-* 'brennen' zu trennen; V23/71, 119 (mit Lit.), NYBERG 1938, 254, HUMBACH 1960, 324 Anm. 4 (**tāpayatī-* 'die Heizende'), LOMA 2000, 348, CORCELLA 2001, 279f. (mit Lit.).

3.48. Τάναϊς Name eines Flusses, der Don (Hdt, u.a.). – Ob iran. (skyth.)? Vgl. P. KRETSCHMER, *Glotta* 24 (1936) 4, 6, 11ff., SCHMID 1994, 240f., SZEMERÉNYI 1980, 18 = 1987-1991, 2064 (**dān*°), CORCELLA 2001, 278, CHEUNG 2002, 179, SCHMITT 2003, 25 und Anmm. 99, 100.

3.48.1. Anders SCHRAMM 1973, 201 (T° und Ὕπανις [**3.56.1**] älteste Zeugnisse des Armenischen). – Zu Älterem s. FRISK 1960, 347, VASMER 1953, 362f.

3.49. Τάξακις Name eines skythischen Königs (Hdt IV 120). – Nicht überzeugend gedeutet; s. die Diskussion aller bisherigen Erklärungsvorschläge bei SCHMITT 2003, 22-24.

3.49.1. Wohl erfunden ist Τόξαρις, u. **4.12**.

3.50. Ταργίταος Name des sagenhaften ersten Skythenkönigs (Hdt IV 5; 7), des Vaters von Λιπόξαϊς, Ἀρπόξαϊς und Κολάξαϊς (s. die Verweise unter **3.9**). – Wahrscheinlich ein Kompositum auf altiran. **tau̯ah-* 'Kraft, Macht' (jav. °*tauuah-*, ved. *távas-vant-*, *tavás-* 'kräftig'); s. SCHMITT 2003, 24 und Anm. 91, mit Lit.

3.50.1. Von den Vorschlägen zur Deutung des Vordergliedes ist altiran. **darga-* 'lang' (~ aav. *darəga-* = ved. *dīrghá-* usw.) am diskussionswürdigsten (s. ausführlich SCHMITT 2003, 25f., mit Lit.).

3.50.2. Nach J. R. GARDINER-GARDEN, *Historia* 35 (1986) 205 ist T° „eher ein kaukas. Name".

[**3.51.** Τιάραντος Name eines Flusses (Hdt IV 48). – Unklar; Referat von Unglaubhaftem bei SCHRAMM 1973, 218 (s. auch CORCELLA 2001, 272).].

3.52. Τόμυρις eine Königin der Massageten, gegen die Kyros zu Feld zog (Hdt I 205-208, 211, 213, 214; Variante Τώμυρις [und weiteres; dazu und zu den Bezeugungen bei späteren Autoren s. SCHMITT 2003, 26 mit Anm. 101]); Mutter des Σπαργαπίσης (~ **3.45.1**). – Eine größere Zahl von Deutungsvorschlägen zu diesem Namen referiert SCHMITT 2003, 26f. Sie sind allesamt bezweifelbar; „Man wird ... die iranische Grundform vorderhand nur annäherungsweise etwa als **T/Θ(a)umurĭ-*, **Θvām°*, *°*muriya-* o. ä. ansetzen dürfen" (SCHMITT, a.a.O. 27).

3.53. Τράσπιες ein Skythenstamm, als dessen Stammvater Ἀρπόξαϊς gilt (**3.9**), Hdt IV 6 (Hs.-Var. Τράπιες, Τράπιοι). – Der Name könnte altiran. **aspa-* 'Pferd' (~ **8.2**) enthalten.

3.53.1. Zu euphorisch IVANTCHIK 1999, 153 („... représente sans doute ... aspa ..."); s. das besonnene Referat von SCHLERATH 1996, 12 (u.a. zu HUMBACH 1960, 322f. [**θrā-aspi-* zu **θrā-aspa-* 'Beschützer der Pferde', „was immerhin möglich ist", SCHLERATH, a.a.O.] und zu DUMÉZIL 1962, 200f. [~ jav. *druuāspā-*]). – Vgl. ferner V23/71, 120; JACOBSOHN 1927, 271f. Anm. 2; CORCELLA 2001, 233.

3.54. Τύμνης eine mit dem König Ἀριαπείθης (**3.7**) zusammenhängende Person (Hdt IV 76; zur Frage dieses Zusammenhangs s. SCHMITT 2003, 27 und Anm. 107). Der Name erscheint noch in anderen Belegen (SCHMITT, a.a.O. 27f. und Anm. 108) und scheint „für Karien typisch" (SCHMITT, a.a.O. 27f. und Anm. 109). – Eine altiranische Deutung (**tumna-* [?]) ist prinzipiell nicht wahrscheinlich (trotz WÜST 1966, 90 und 92 Anm. 7); s. SCHMITT 2003, 28 (mit Lit.).

3.55. Τύρης Name eines Flusses, der Dnjestr (Hdt IV 11, 47, 51, 52, 82; in der „übrige[n] antike[n] Literatur fast durchweg *Tyras*" [SCHRAMM 1973, 85]). Dazu Hdt IV 51 Τυρῖται („Ἕλληνες, οἳ Τ° καλέονται", s. CORCELLA 2001, 274). – Die gefällige Gleichsetzung mit ved. *turá-* 'rasch' (s. V23/71, 122, SCHMID 1994, 241 Anm. 20; SCHRAMM, a.a.O., CORCELLA, a.a.O.) trifft sich mit der Frage, ob der vedischen Bildung auch iran. **tŭra-* (**tuH-ró-*, **tur-ó-*) neben jav. *°tara-* (idg. *$^*t\underset{\circ}{r}h_2$-ó-*) entsprechen kann (MAYRHOFER 1992, 656; 2005, 53).

3.56. Ὕπανις ein Fluß, der südliche Bug (Hdt [IV 17 u. a.] + ; s. CORCELLA 2001, 274). – Von umstrittener Deutung.

3.56.1. Ausführliches Referat der Ergebnisse von „Etymologenphantasie" im Zusammenhang mit Ὕ° bei SCHRAMM 1973, 95 Anm. 232; s. SCHMID 1994, 241 Anm. 20. – SCHRAMM, a.a.O. 201 erwägt die Möglichkeit, daß Ὕπανις und Τάναϊς (s. o. **3.48.1**) älteste Zeugnisse der armenischen Sprache seien; dazu SCHMITT 2003, 25 Anm. 100.

3.57. Ὕργις ein Fluß (Hdt IV 57); „als Nebenfluß des Tanais genannt .... Gemeint ist gewiß der Donjez" (SCHRAMM 1973, 186; s. CORCELLA 2001, 278). Hierher die Korruptel Σύργις Hdt IV 123 (dazu SCHRAMM 1973, 186, CORCELLA 2001, 323f.). – Erwägungen zu „skyth. **Vurgi-* bzw. **Urgi-* ..., dem ‘histrodanuvisch’ ... **Uulgi-* bzw. ... **Ulgi-* zugrunde liegt“ bei SCHRAMM 1973, 187[17]; s. auch HOLZER 1988, 209 und Anm. 38.

4. Auch nach-herodoteischen Quellen ist Material entnommen worden, das ebenso wie die sicher deutbaren Wort- und Namensformen von **3.1** ff. als altiranisch aufgefaßt[18] werden könnte (~ u. **9**). Dazu eine Auswahl[19]:

4.1. Ἀμάδοκοι· Σκυθικὸν ἔθνος (Stephanos von Byzanz, u. a.); von einigen Autoren „erklärt ... aus iran. *āmādaka-* ‘Rohfleischesser’ ...“ (V23/71, 117; POKORNY 1959, 777).

4.2. Ἀτέας ein Skythen-König (Plutarch, Strabo; bei römischen Autoren *Atheas*, s. JUSTI 1895, 50a). – Es liegen Deutungen aus dem Altiranischen vor: als **Haθi̯a-* (‘wahr’; dann wohl Kurzform zu Namen wie **Haθi̯a-kāma-*, **Haši̯a-dāta-* u. a. in der NÜ [HINZ 1975, 118, 119], vgl. ved. *Satyá-śravas-*, jungved. *Satyá-kāma-* N. pr.), V23/71, 115; als Entsprechung von jav. *Āθβiia-* (V23/71, 116; s. MAYRHOFER 1992, 168, 681, mit Lit.); als **Atii̯a-* = ved. *átya-* ‘Roß, Renner’ (vgl. MAYRHOFER 1992, 59).

4.2.1. Nur die erstgenannte der drei Erklärungen ist diskussionswürdig.

[**4.3.** Ἰάμαι, Ἰάμοι ‘ein skythischer Stamm’ (Hekataios bzw. Alexander Polyhistor bei Stephanos von Byzanz). – Schwerlich „Sippe eines **i̯ama-* (~ MAYRHOFER 1996, 401)“; s. V23/71, 116].

[**4.4.** Καδουΐδας Name des Bruders von Ἀνάχαρσις (**3.3**) bei Diogenes Laertios (in der Suda Καδουΐας); in Hdt IV 76 heißt dieser Bruder vielmehr Σαύλιος (**3.40**; s. d.). – Der Name K° ist schwerlich mit dem in sich rätselhaften Namen jav. *Katu-* (MAYRHOFER 1979a, I/58, mit Lit.) zu verbinden].

4.5. *Croucasis*: skythische Benennung des Kaukasus (Plinius, Naturalis Historia VI 50: „appellavere ... Scythae ... Caucasum montem Croucasim, hoc est nive candidum“ [Hs.-Variante *Groucasim*]; ~ u. **4.15**). – Schwierig.

4.5.1. S. die aufführliche Forschungsgeschichte bei EILERS – MAYRHOFER 1960, 115-118 = MAYRHOFER 1979, 80-83; vgl. auch EILERS 1982, 43 Anm.

---

[17] Für das Skythische entfällt Ἄξεινος im Namen des Schwarzen Meers (seit Pindar), da „[n]icht skythisch, sondern vielmehr altpersisch“ (SCHMITT 1989a, 93 Anm 13, mit Lit.; SCHMITT 2000, 41 [s. nun BRUST 2005, 78ff.]).

[18] In dieser Auswahlliste entfällt jedoch z.B. ein Name, wenn er sich durch die lautliche Entwicklung (**-gr-* > *-rg-*, **-a-* > *-∅-*) als sarmatisch erweist, obwohl seine Konzeption bis in indoiranische Zeit zurückreichen mag, wie Ἀσπουργος (seit dem 1. Jhdt. v. Chr. im Westen und Osten belegt, BIELMEIER 1989, 238 und Anm. 9, mit Lit.) ~ ved. *áśva- ugrá-* (HUMBACH 1960, 327); s. BIELMEIER 1989, 241, 242.

[19] Zur Reihung s.o. Anm. 11.

152, Vitčak 1992, 54. Diskutierbar bleibt skyth. °*casi-* ‘candidus’ ~ osset. *kæsun* ‘glänzen, leuchten, (er)scheinen (von Sonne, Mond und Sternen)’, (Eilers –)Mayrhofer, a.a.O. 117 = 82 und Anmm. 44-45.

4.6. [Νάπαι (Diodor) Name eines der beiden skythischen Stämme (neben Πάλοι, **4.7**), Nachkommen des Σκύθης (**3.42**).

4.6.1. Vgl. Trubačev 1979, 906 [Πάλοι ... Νάπαι = „die Alten und die Nachkommen“ (→ **4.7.1**). Νάπαι nach Loma 2000, 343 „wohl nach der Analogie des Pluralsuffixes *-ta* aus **napātah* ‘Enkeln’ dekomponiert“)].

4.7. [Πάλοι (Diodor); neben Νάπαι als Name eines von Σκύθης herkommenden Skythenstammes genannt (s. o. **4.6**).

4.7.1. Für Trubačev 1979, 906 hat Πάλοι „offensichtlich ein lokales Beiwort kalkiert“; nach Loma 2000, 343 ist Π° iranisch, zu osset. *fæd* ‘Spur, Nachkommenschaft’, aav. *pada-*, jav. *paδa-* ‘Fußstapfe’ u. a.].

4.8. Σαυμακος ein Fürst der Krimskythen (?), 1. Jhdt. v. Chr. – S. ausführlich Huyse 1998, 183 und Anmm. 96, 97 (mit Lit.), der von **si̯āu̯amaka-* (~ **3.40**) ausgeht; s. Σιωμαχος, u. **4.9**.

4.9. [Σιωμαχος (wohl Name zweier Personen in Tanais, 3. Jhdt. v. Chr.). – Altiran. **Si̯āmaka-* („Schwarz“), s. die Lit. bei Mayrhofer 1996, 661? Doch vgl. die ausführlichen Überlegungen bei Huyse 1998, 183ff. (~ **4.8**)].

4.10. [*sualiternicum* (Plinius), „skyth.“ (?) Name des Bernsteins. – S. Walde – Hofmann 1954, 611, Frisk 1970, 953].

4.11. [Τεύταρος (Herodoros u. a. ; Justi 1895, 323b f.), ein skythischer Rinderhirt, der den Herakles im Bogenschießen unterrichtete. – „Dunkel“ (V23/71, 120)].

4.12. [Τόξαρις ein Skythe (in zwei Schriften Lukians überliefert). – Mit hoher Wahrscheinlichkeit ist der Name eine Erfindung (nach gr. τόξον); V23/71, 113, 120, Schmitt 2003, 22f. (s. **3.49**, **6.2**)].

4.13. Χαρασπης (Gen. Sg. °που) ein Skythenkönig (Alram 1986, 26). – Nach F. C. Andreas (~ Mayrhofer 1979a, I/95) **xara-aspa-* ‘Esel und Pferde besitzend’.

4.13.1. Anders Cornillot 1994, 208f., 209 Anm. 1.

4.13.2. Zu einem weiteren Nachweis von skyth. **xara-* s. Schmid 1994, 242f. Anm. 27.

4.14. Χοδαινος N. pr. (Tanais, 188 n. Chr.); < iran. **hu̯adai̯na-* (~ jav. *X*ᵛ*ādaēna-* N. pr.), Mayrhofer 1979a, I/102, s. Huyse 1998, 168 und Anmm. 9, 10.

4.15. *Chorsari* (in Plinius, Naturalis Historia VI 50 „... Scytharum populi. Persae illos Sacas ... appellavere ..., Scythae ipsi Persas Chorsaros ...“ [~ o. **4.5**]). – Mehrmals iranisch gedeutet. Vgl. die Lit. bei Eilers – Mayrhofer

1960, 116 Anm. 36 = MAYRHOFER 1979, 81 Anm. 36; davon bevorzugt HUYSE 1998, 169 und Anm. 11 skyth.[-sarmat.?] **hu̯ar/n-* ‘Sonne’ + **sarah-* ‘Kopf’, osset. iron *xossar*, digor *xonsar* ‘Südhang, Sonnenseite’.

4.15.1. An **hu̯ar-* ‘Sonne’ dachte bereits LAGARDE 1866, 278.

4.16. [Χοφαρνος (Pantikapaion und Tanais, 3. Jhdt. n. Chr.), altiran. **hu-farnah-*? – S. dazu HUYSE 1998, 169 [f.] mit Anmm. 12, 13 (dort vielerlei Erwägungen und reiche Lit.)].

5. Zu „skythischen“ Glossen des Hesych-Lexikons ist vergleichsweise wenig zu sagen.

5.1. Kaum Neuigkeiten bietet das Lexikon, wenn es Skythika bei Herodot IV wiedergibt. Erwähnenswert ist ὁρμάται· οἱ ἀνδροκτόνοι. Σκύθαι gegenüber Herodots Οἰόρπατα (o. **3.29**); LATTE 1966, 776 gibt dazu den Kommentar: „Οιόρπατα ... Hdt. cuius primam syllabam pro articulo accepisse videtur glossator“.

5.1.1. S. SCHMEJA 1974, 386ff.; CHRISTOL 1987, 217 Anm. 3; BRUST 2005, 484.

5.2. Die Glosse μελύγιον· πόμα τι Σκυθικὸν μέλιτος ἑψομένου σὺν ὕδατι καὶ πόᾳ τινί findet sich an einer Stelle zwischen μελιτ°-Formen (LATTE 1966, 645). Als „skif. *maluwyam*“ wird der Eintrag von VITČAK 1992, 53 zu iran. **madu-* ‘berauschendes Getränk’ (> skyth. **malu-*) gestellt; so auch LOMA 2000, 343. – Vgl. **3.25**.

5.2.1. S. jetzt das besonnene Referat bei BRUST 2005, 457ff.

5.3. Kühn ist VITČAKs Herstellung von „Μεσπέλλη“ für μέσπλη· ἡ σελήνη, παρὰ Σκύθαις und seine Deutung als „skif. *Māspallā* ... < iran. **Mās-pərənā-*“ (~ aia. *pūrṇá-mās-* ‘Vollmond’, jav. *pərənō.må̊ŋha-*, np. *purr-māh*).

5.3.1. Ähnliches referiert BIELMEIER 1994, 434ff.; vgl. CHRISTOL 1987, 215, BRUST 2005, 460ff.

5.4. Ohne Wert ist die Deutung von ἄνορ· νοῦς, ὑπὸ Σκυθῶν als skyth. „**ahuwira-* ... < iran. **anu-wīra-*“ bei VITČAK 1992, 58 (s. dazu BRUST 2005, 77, 484). – Gleiches gilt für die Herstellung von „μαγλύ“ für ἄγλυ· ὁ κύκνος, ὑπὸ Σκυθῶν (LAGARDE 1866, 277, LATTE 1953, 24) und seine Deutung als „iran. *madgu-*“ (VITČAK 1992, 53 [s. nun BRUST 2005, 42f.]). – Vgl. ferner SCHMITT 2004, 307b f.

5.5. Weiteres: ἀβί· ὑπό, s. BRUST 2005, 3; ἄβιε· ἔβαλλον, dazu BRUST 2005, 5f.; ἀδιγόρ· τρωξαλλίς, BRUST 2005, 43ff. (mit Lit.); παγαίη· κύων. Σκυθιστί, BRUST 2005, 500f.; σανάπην (konjiziert für σάναπτιν)· τὴν οἰνιώτην. Σκύθαι, BRUST 2005, 577f.

5.5.1. Zu καραρύες (~ κατηρεις) „οἱ Σκυθικοὶ οἶκοι“ s. BRUST 2005 307 („über ... Spekulationen nicht hinauszukommen“); [zuletzt A. CHRISTOL, *LALIES* 22 (2003) 178].

6. Spuren des Skythischen – im hier empfohlenen engeren Sinne (o. **2**; u **9.1**)[20] – in anderen Sprachen, als Lehn-Einflüsse, sind mehrmals angenommen worden.

6.1. Von besonderer Wichtigkeit – und mit dem Namen eines bedeutenden Linguisten verbunden – ist der Versuch von LUBOTSKY 2002, Formen anderer altiranischer Sprachen als Entlehnungen aus dem Skythischen zu deuten: so *farnah-* in medischen Namen (seit 717 v. Chr.) als Übernahme aus skyth. **farnah-* (< protoiran. **parnah-* = ved. *párīṇas-*), das andererseits mit einer Substitution (x^va° für **fa*°) ins Avestische übernommen wurde[21]. LUBOTSKYs Ausführungen sind von einem so kritischen Gelehrten wie RÜDIGER SCHMITT teilweise positiv beurteilt worden[22].

6.1.1. Ein weiterer Vorschlag LUBOTSKYs für Entlehnungen aus dem Skythischen (2002, 199ff.) sollte hingegen mit SCHMITT 2005, 76f. zurückgewiesen werden. LUBOTSKY geht von drei altpersischen Wörtern mit *(-)θi* für iran. **(-)ti* aus, die der Entlehnung aus dem Skythischen verdächtig seien: *duvarθi-* ‘Tor(halle)’, *skau̯θi-* (*šk*°) ‘schwach, arm’ und **θigra-* ‘Knoblauch’ im Monatsnamen *Θāigraci-*; ap. *θi* wäre hier Substitution für $*t^si$ < **ti* in einem skythischen Dialekt (LUBOTSKY, a.a.O. 196). SCHMITT (a.a.O.) erinnert daran, daß der Monatsname in elamischer Schreibung mit *sa-a-k*° neben *šá-k*° erscheint, was echt-ap. *θāig*° neben nichtpersischem **sāig*° wiedergibt; damit erledigt sich LUBOTSKYs Ansatz von iran. **tigra-* ‘scharf’, und es verbleibt das ‘Knoblauch’-Wort ap. **θigra-* = **sigra-* (in mp., np. *sīr*) als Quelle des Monatsnamens[23]. Ap. *duvarθi-* aus **duvar-varθi-* ist besser als Ableitung von *var-* ‘umschließen’ mit $-t^hi$-Suffix (wie ved. *methí- ~ may-*) zu verstehen, folgt also altpersischen Lautgesetzen (SCHMITT 2005,

---

[20] Dazu LUBOTSKY 2002, 190 Anm. 1 (Verwendung von „‘Scythian’ as a cover term for the Old Iranian stage ... of the North Iranian dialects“).

[21] LUBOTSKY 2002, 191ff., bes. 192, 193, 194.

[22] So nennt SCHMITT 2005, 76 Anm. 13 die Übereinstimmung von jeweils formelhaftem ved. *rāyā́ párīṇasā* und av. *raiia* x^v*arənaŋha(-ca)* (LUBOTSKY 2002, 193) ein „wichtiges Argument zugunsten dieser Gleichsetzung“ ved. *párīṇas-* = protoiran. **parnah-* (→ skyth. **fa*° → av. x^va°). – S. auch SCHMITT 2006, 123 Anm. 186.

[23] Dazu ausführlich SCHMITT 2003a, 36ff. (mit reicher Lit.); dort S. 39 in einem Korr.-Nachtrag bereits ein Eingehen auf LUBOTSKY 2002, 198f.

77); *s/škau̯θi-* bezeichnet LUBOTSKY 2002, 196f. schon selbst als problematisch[24].

6.2. In der älteren Fachliteratur war die Rekonstruktion von skyth. **taxša-* 'Pfeil' als Quelle von gr. τόξον 'Bogen' (im Plural '[Bogen und] Pfeile') beliebt; s. die Angaben bei FRISK 1970, 910, CHANTRAINE 1968, 1125a. – SCHMITT 2003, 23 sagt hingegen richtig, dass τόξον „schon deshalb nicht aus dem Skythischen entlehnt sein kann – wie dies längere Zeit gängige Meinung war –, weil griech. τόξον schon im 2. Jahrtausend v. Chr. als myken. *to-ko-so-* bezeugt ist". – Vgl. noch oben **4.12** (mit Verweisen).

6.2.1. Eine ähnliche Problematik zeigt ERDAL 1993, 34 auf, der zu gr. μῆλον 'Apfel' anmerkt: „... could be Scythian, if there is any evidence for early Scythian loans in early (Homeric!) Greek".

6.3. Skyth. **xāl-* 'beißen' < **xād-* = ved. *khād-* (dazu wohl ved. *khādí-* 'Spange', s. die Lit. bei MAYRHOFER 1992, 451f.) sucht LOMA 2000, 343 in gr. χαλῑνός 'Zügel, Zaum' („urspr. 'Pferdegebiß', eine Sache, für deren Verbreitung ... die Archäologie die Skythen verantwortlich macht"). – Auch das als LW aus dem Griech. aufgefaßte altindoar. *khalī̆na-* 'Gebiß eines Zaumes, Zaumzeug' (MAYRHOFER 2001, 142) möchte LOMA, a.a.O., lieber „direkt aus dem Skythischen" entlehnt sein lassen.

6.4. Skyth. **fai̯naka-* „*Abschaum" (~ ved. *phéna-*, osset. *fynk/finkæ* u. a., MAYRHOFER 1996, 204, CHEUNG 2000, 17, 191) erschließt A. J. VAN WINDEKENS, *Glotta* 65 (1987) 95 kühn aus gr. (< skyth.?) φέναξ 'Betrüger, Gauner'.

6.5. Kühn ist auch L. ISEBAERTs Ansatz (1982) von altosset. (~ skyth.?) **θarantatara-* 'animal cornu' zur Deutung von gr. τάρανδ(ρ)ος 'Rentier' (~ Hesych „ζῷον ... οὗ τὰς δορὰς εἰς χιτῶνας χρῶνται Σκύθαι"). – „Isoliertes Fremdwort", FRISK 1970, 854. [S. BRUST 2005, 643ff., 645 Anm. 4].

6.5.1. Anderes zu gr. τ° in FRISK, a.a.O., und 1972, 183.

6.6. Ein überraschender Treffer ist BERNHARD FORSSMAN (1966) gelungen, der gr. ἱππάκη als „verkapptes skythisches Lehnwort im Griechischen" erwiesen hat; die – im Wortkörper gräzisierte – Form gibt offenbar skyth. **aspaka-* wieder.

6.7. Daß die Sippe von nhd. *Pfad* (KLUGE – SEEBOLD 2002, 693a f.), wie seit mehr als hundert Jahren vorgeschlagen, auf eine iranische Bezeichnung zurückgehe (~ Σκύθην ἐς οἶμον, „Skythenpfad" [Aischylos]), scheint mir

---

[24] Die Deutung von ap. *skau̯θi-* als „Vr̥ddhi"-Ableitung von **sku-θa-* 'Erniedrigung' durch HOFFMANN 1957, 62 = 1976, 414 kann nicht so leicht durch den Hinweis auf die Vr̥ddhi in *Θāigraci-* abgetan werden; s. vielmehr die Überlegungen bei DARMS 1978, 369, 375, 513 Anm. 4.

nach wie vor den anderen Deutungsvorschlägen vorzuziehen. S. MAYRHOFER 1970, 224ff. = 1979, 120ff.; vgl. KLUGE – SEEBOLD 2002, a.a.O.

6.7.1. Ein erregendes Ergebnis erwüchse aus dieser Entlehnungstheorie (skyth. **paθ°*) und der Annahme von skyth. **pant°* in Παντικάπης (o. **3.34**). In **pant°*/**paθ°* würde sich eine hohe Altertümlichkeit des Altiranischen (s. zuletzt MAYRHOFER 2005, 110 und Anm. 73, 118 und Anmm. 81, 82, 122 Anm. 91) auch im Skythischen fortsetzen.

7. Aus den oben (**3-6**) vorgetragenen Deutungsvorschlägen soll eine besonders vorsichtige Auswahl des mehr oder minder Wahrscheinlichen gewonnen werden; sie gibt wohl ein hinreichendes Bild vom Lexikon der nur durch indirekte Zeugnisse erschließbaren skythischen Sprache.

7.1. Skyth. **a-* ‘un-’, s. **3.17**;

7.2. Skyth. **ari̯a-* ‘iranisch’, s. **3.6**; **3.7**;

7.3. Skyth. **aspa-* ‘Pferd’: vgl. **3.8**; **3.53(.1)**; **4.13**; **6.6**; **8.2**;

7.4. Skyth. **dai̯na-* ‘Glaube, Religion’, s. **4.14**;

7.5. Skyth. **darga-* ‘lang’, s. **3.50.1**;

7.6. Skyth. **farnah-* ‘sovereignty’, s. **4.16**; v.a. **6.1**;

7.7. Skyth. **gai̯θă̄-* ‘Herde, Habe’, s. **3.16**;

7.8. Skyth. **haθi̯a-* ‘wahr’ (?), s. **4.2**;

7.9. Skyth. **hu-* ‘gut-’, s. **3.32**; **4.16** (?);

7.10. Skyth. **hu̯adai̯na-* ‘Glaubensgenosse’, s. **4.14**;

7.11. Skyth. **hu̯ar-* ‘Sonne’, s. **4.15**; **4.15.1**;

7.12. Skyth. **ǰan-*/**ǰata-* (?) ‘töten’, s. **3.29.1**;

7.13. Skyth. **kapa-* ‘Fisch’, s. **3.34**;

7.14. Skyth. **kas-* (?) ‘glänzen, leuchten’, s. **4.5.1**;

7.15. Skyth. **madu-* ‘Rauschtrank’ (?), s. **3.25**; **5.2**;

7.16. Skyth. **matsi̯a-* ‘Fisch’ (?), s. **3.26**;

7.17. Skyth. **mazatā-* ‘Größe’ (?), s. **3.31**;

7.18. Skyth. **napāt-* ‘Enkel’ (?), s. **4.6.1**;

7.19. Skyth. **nari̯a-* ‘männlich’, s. **3.17**;

7.20. Skyth. **pada-* ‘Spur’ (??), s. **4.7.1**;

7.21. Skyth. **pai̯sah-* ‘Schmuck’, s. **3.7** (mit Anm. 15); **3.45.1**; **8.1**;

7.22. Skyth. **pant°*/**paθ°* ‘Pfad’, s. **3.34**; **6.7.1**;

7.23. Skyth. **paradāta-* ‘vorangestellt’, s. **3.36**;

7.24. Skyth. **pr̥θu-* ‘breit’ (?), s. **3.38**;

7.25. Skyth. **sarah-* ‘Kopf’, s. **4.15**;

7.26. Skyth. **si̯āu̯a-* ‘dunkelfarbig’, s. **3.40**; **4.8**;

7.27. Skyth. **sparga-* ‘Sproß, Schößling’, s. **3.45.2**;

7.28. Skyth. **sūra-* 'kräftig', s. **3.16**;
7.29. Skyth. **tap-* 'brennen', s. **3.47**;
7.30. Skyth. **tau̯ah-* 'Kraft', s. **3.38(.1.3)**; **3.50**;
7.31. Skyth. **tū̆ra-* ('rasch' ?), s. **3.55**;
7.32. Skyth. **uxta-* 'gesprochen', s. **3.31**;
7.33. Skyth. **u̯ari-* 'Brustwehr', s. **3.33**;
7.34. Skyth. **u̯īra-* 'Mann', s. **3.29**;
7.35. Skyth. **xara-* 'Esel' (?), s. **4.13**; **4.13.2**;
7.36. Skyth. **xšai̯a-* 'herrschend', s. **3.9**.

8. An dieses ausgewählte Material ist die Frage zu stellen, welche besonderen Dialekt-Merkmale dem Skythischen zukommen. Die weitgehende Einschränkung von „Skythisch" auf (vor-)herodoteische Quellen (o. **2**) und die strenge Einengung auf Fälle von hoher Plausibilität (o. **7**) wird ein Resultat zeitigen, das sich von kühneren Aufstellungen wie etwa bei LOMA 2000, 341-343 stark unterscheidet.

8.1. Dass idg. **ḱ* (ved. *ś*, uriran. **ts*) skyth. **θ* (wie im Altpersischen) ergebe, könnte nach den hier empfohlenen strengen Prinzipien nur an dem Fall °πείθης (o. **3.7**, **3.45.1**) demonstriert werden; die anderen Beispiele bei LOMA 2000, 341, 344f. sind kaum verwertbar. Doch dürfte °πείθης an echtgriechisch °πείθης angeglichen sein (o. **3.7** und Anm. 15) und für skyth. *°*pai̯sah-* stehen.

8.2. Idg. **ḱu̯* (ved. *śv*, uriran. **tsu̯*) hat nach LOMA 2000, 341f., 345 skyth. **s* ergeben; LOMA bringt höchst zweifelhafte Fälle für skyth. **asa-* 'Pferd' (wie ap. *asa-*, gegenüber av. *aspa-*, khot. *aśśa-*, ved. *áśva-*). Glaubhafte Gleichungen scheinen jedoch **aspa-* 'Pferd' zu enthalten (s. **7.3**, mit Verweisen). Einzuräumen ist, daß die „medische" Form auch in altiranische Dialekte ausgestrahlt haben könnte, die nicht *-sp-* < **-tsu̯-* zeigen; die Fortsetzersprachen des Skythischen reflektieren allerdings **aspa-* 'Pferd' (sarmat. Ἀσπουργος, osset. *æfs*°; s. o. **4** Anm. 18, CHEUNG 2002, 40).

8.3. Für skyth. *-l-* < idg. **-d(ʰ)-* bringt LOMA 2000, 342f. mehrere Fälle. Sicher ist Παραλάται = jav. *paraδāta-* (o. **3.36**, mit reicher Lit.). Hier kann *-l-* < *-d-* freilich leicht als Produkt einer Assimilation an die vorausgehende Liquida *-r-* und einer Dissimilation gegenüber dem folgenden Dentalverschlußlaut *-t-* erklärt werden.

8.3.1. Von LOMAs übrigen Beispielen bleiben diskutabel: Σκολόται (doch s. o. **3.43.[1]**) und μελύγιον (o. **5.2**, mit Lit.) ~ iran. **madu-* (vgl. jedoch Μαδύης, o. **3.25**). – Auf seine Deutungen von Πάλοι (**4.7.1**) und χαλῑνός (**6.3**) ist immerhin hinzuweisen.

8.4. Ein Problem bleibt die Vertretung von altiran. **p* im Skythischen. Neben sicherem **p* (z.B. in Παρα° = jav. *para°*, **8.3**) scheinen in plausiblen Etymologien auch **b* und **f* vorzuliegen: vgl. einerseits Ταβιτί ~ **tap-* (o. **3.47**), andererseits **farnah-* < protoiran. **parnah-* (s. **6.1**)[25].

9. Es sind somit fast keine spektakulären Dialektzüge für das Skythische im hier empfohlenen engeren Sinn (o. **8**, mit Verweisen) festzustellen. Sichere Rekonstrukte wie **ari̯a-* (**7.2**), **darga-* (**7.5**), **hu̯ar-* (**7.11**), **kapa-* (**7.13**), **nari̯a-* (**7.19**), **pai̯sah-* (**7.21**), **pant°/*paθ°* (**7.22**), **sarah-* (**7.25**), **sūra-* (**7.28**), **tau̯ah-* (**7.30**), **uxta-* (**7.32**), **u̯īra-* (**7.34**) zeigen gemeinaltiranische Gestalt. Dieses gesicherte „Skythisch" entspricht somit „dem Zustande, den wir in den altiranischen Dialekten antreffen"[26]; skythische Sprachformen entsprechen „*grosso modo* dem sprachlichen Entwicklungsstand von Avestisch und Altpersisch"[27] – um zwei der besonnensten Bearbeiter dieses Gebiets zu zitieren, das ja nicht nur Besonnene angezogen hat.

9.1. Im Kontrast zu der großen Zahl heute bekannter mitteliranischer Sprachen[28] kennen wir bislang nur vier nennenswerte Ausprägungen des Iranischen im Altertum: die beiden Korpussprachen Avestisch und Altpersisch; die Sprache der Meder, die aus den „Medismen" im Altpersischen zu erschließen ist[29]; schließlich das Skythische im hier (**8**) empfohlenen engeren Sinne, dessen Kenntnis wir vornehmlich dem vierten, dem „skythischen" Buch der Historien jenes einzigartigen Hellenen verdanken, der aus der Geistes- und Kulturfülle des perikleischen Athen zu vielen seltsamen Völkern aufgebrochen ist, gleichsam ein Alexander v. Humboldt der Antike: des Herodotos von Halikarnass.

---

[25] Natürlich hat man für beide Abweichungen Erklärungen vorgetragen. S. zum ersteren Fall LOMA 2000, 348 („Aus intervokalischem *-p-* ergab sich ... schon zu einem frühen Zeitpunkt *-b-* ..."); zu **farnah-* LUBOTSKY 2002, 190 (Hinweis auf Fälle wie Πουρθαιος/Φουρτας; „[w]e may ... assume that the sound change **p* > *f* was typical of East Scythian dialects").

[26] V23/71, 122 (ohne VASMERs Sperrungen).

[27] SCHMITT 2003, 6.

[28] Vgl. die Referate im *Compendium Linguarum Iranicarum* (= SCHMITT 1989) S. 95 bis 245.

[29] SCHMITT 1989a, 87-90; 2003b, 23-36. – Vgl. die Überlegungen zu der (geringen) Möglichkeit, daß auch das Medische dereinst zur Korpussprache werden könnte, bei MAYRHOFER 2002, 150 Anm. 5.

ABKÜRZUNGEN

AAntH	*Acta Antiqua Academiae Scientiarum Hungaricae*. Budapest.
Abaev 1958	V. I. Abaev, Παντικαπαιον, *FsDečev* 183-189.
Abaev 1962	V. I. Abaev, Isoglosse scito-europee. *AnnOrNap-L* 4 (1962) 27-43.
Abaev 1965	V. I. Abaev, *Skifo-evropejskie izoglossy*. Moskau – Leningrad 1965.
Abaev 1966	V. I. Abaev, Iz istorii slov. K skifo-evropejskim leksičeskim svjazjam. *Ėtimologija* 1966, 241-246.
Abaev 1969	V. I. Abaev, Isoglosse scito-europee. *FsPagliaro* I (1969) 21-61.
Abaev 1979	V. I. Abaev, Skifo-sarmatskie narečija. *Osnovy iranskogo jazykoznanija. Drevneiranskie jazyki* (Moskau 1979) 272-364.
Abaev 1981	V. I. Abaev, Gerodotovskie *Skythai geōrgoi*. *VJa* 1981/2, 74-76.
AcPraeh	*Acta praehistorica et archaeologica*. Berlin.
ALH	*Acta Linguistica Academiae Scientiarum Hungaricae*. Budapest.
Aliev 1979	I. Aliev, On the Scythians and the Scythian kingdom in Azerbaijan. *Peredneaziatskij Sbornik* III (Moskau 1979) 4-14.
AlmÖAW	*Österreichische Akademie der Wissenschaften[:] Almanach*. Wien.
Alram 1986	M. Alram, *Nomina Propria Iranica in Nummis*. Materialgrundlagen zu den iranischen Personennamen auf antiken Münzen. [*IPNB* IV]. Wien 1986.
AnnOrNap	*Annali, Università degli Studi di Napoli „L'Orientale"*. Neapel.
AnnOrNap-L	*AnnOrNap*, Sezione linguistica. Neapel.
AÖAW	*Anzeiger der Österreichischen Akademie der Wissenschaften*. Philosophisch-historische Klasse. Wien.
BAEspOr	*Boletín de la Asociación Española de Orientalistas*. Madrid.
Bailey 1979	H. W. Bailey, *Dictionary of Khotan Saka*. Cambridge usw. 1979.
Bielmeier 1989	R. Bielmeier, Sarmatisch, Alanisch, Jassisch und Altossetisch. In: Schmitt 1989, 236-245.
Bielmeier 1994	R. Bielmeier, Sprachkontakte nördlich und südlich des Kaukasus. *FsSchmidt* 427-446.
BNF	*Beiträge zur Namenforschung*. Heidelberg.
Bonfante 1953	G. Bonfante, Ideas on the Kinship of the European Languages from 1200 to 1800. *Cahiers d'Histoire Mondiale* 1 (1953) 679-699.
Borger 1956	R. Borger, *Die Inschriften Asarhaddons, Königs von Assyrien*. Graz 1956.

BRANDENSTEIN 1953-1955	W. BRANDENSTEIN, Die Abstammungssagen der Skythen. *WZKM* 52 (1953-1955) 183-211.
BRUNNER 2003	K. BRUNNER, *Herzogtümer und Marken. Vom Ungarnsturm bis ins 12. Jahrhundert.* [Österreichische Geschichte, hrsg. von H. WOLFRAM, 907-1156]. Wien 2003.
BRUST 2005	M. BRUST, *Die indischen und iranischen Lehnwörter im Griechischen.* [*IBS* 118]. Innsbruck 2005.
CAZELLES 1967	H. CAZELLES, Sophonie, Jérémie, et les Scythes en Palestine. *RB* 74 (1967) 24-44.
CHANTRAINE 1968	P. CHANTRAINE, *Dictionnaire étymologique de la langue grecque. Histoire des mots.* Paris 1968.
CHEUNG 2002	J. CHEUNG, *Studies in the Historical Development of the Ossetic Vocalism.* Wiesbaden 2002.
CHRISTOL 1987	A. CHRISTOL, Scythica. *Revue des Études Géorgiennes et Caucasiennes* 3 (1987) 215-225.
CHRISTOL 1989	A. CHRISTOL, *Des Scythes aux Ossètes.* Rouenlac 1989 [Lt. LOMA 2000, 349].
ČLENOVA 1984	N. L. ČLENOVA, O vremeni pojavlenija iranojazyčnogo naselenija v Severnom Pričernomor'e. *ĖnBiSP* 259-268.
COMAN 1943	J. COMAN, Quelques traits indo-européens des Scythes selon Hérodote. *Revue des Études Indo-Européennes* 3 (1943) 95-117.
CORCELLA 1994	A. CORCELLA, Skify ἀροτῆρες i skify γεωργοί. *VDI* 1994/1, 82-89.
CORCELLA 2001	A. CORCELLA, *Erodoto. Le Storie. Vol. IV: Libro IV: La Scizia e la Libia.* Introduzione e commento. Mailand, 3. Aufl. 2001.
CORNILLOT 1981a	F. CORNILLOT, De Skythès à Kolaxais. *Studia Iranica* 10 (1981) 7-52.
CORNILLOT 1981b	F. CORNILLOT, L'origine du nom des Scythes. *IIJ* 23 (1984) 29-39.
CORNILLOT 1994	F. CORNILLOT, L'aube scythique du monde slave. *Slovo (Revue de CERES)* 14 (1994) 77-259.
CRAI	*Académie des Inscriptions & Belles-Lettres. Comptes Rendus.* Paris.
CULAJA 1977	G. V. CULAJA, Iz skifo-zanskich parallelej. *FsAbaev* 326-329.
DARMS 1978	G. DARMS, *Schwäher und Schwager, Hahn und Huhn. Die Vr̥ddhi-Ableitung im Germanischen.* München 1978.
DIAKONOFF 1981	I. M. DIAKONOFF, The Cimmerians. *GsMorgenstierne* I (1981) 103-140 (~ *IC* 28a, 179.4).
DUMÉZIL 1962	G. DUMÉZIL, La société scythique avait-elle des classes fonctionnelles? *IIJ* 5 (1962) 187-202.
DUMÉZIL 1967	G. DUMÉZIL, "Vin" et "bière" dans deux noms propres scythiques. *FsPokorny* 29-31.
DUMÉZIL 1978	G. DUMÉZIL, *Romans de Scythie et d'alentours.* Paris 1978.
EBEL 1857	H. EBEL, Skythische Namen. *KZ* 6 (1857) 400.
EILERS 1982	W. EILERS, *Geographische Namengebung in und um Iran. Ein Überblick in Beispielen.* (*SbBayerAW* 1982: 5). München 1982.

EILERS 1987 — W. EILERS, *Iranische Ortsnamenstudien.* (*SbÖAW* 465). Wien 1987.

EILERS – MAYRHOFER 1960 — W. EILERS – M. MAYRHOFER, Namenkundliche Zeugnisse der indischen Wanderung? Eine Nachprüfung. *Die Sprache* 6 (1960) 107-134 [Nachdruck in MAYRHOFER 1979, 72-99 (mit Nachtrag S. 223)].

ĖnBiSP — *Ėtnogenez narodov Balkan i Severnogo Pričernomor'ja. Lingvistika, istorija, archeologija.* Moskau 1984.

EncIran — *Encyclopædia Iranica.* [London –] New York.

ERDAL 1993 — M. ERDAL, Around the Turkic 'Apple'. *JIES* 21 (1993) 27-36.

ERODOTO, *Le Storie, Vol. IV* — s. CORCELLA 2001

FELLMAN 1975 — J. FELLMAN, On Sir William Jones and the Scythian Language. *Language Sciences* 34 (1975) 37a-38b.

FORSSMAN 1965 — B. FORSSMAN, ἱππάκη, ein verkapptes skythisches Lehnwort im Griechischen. *KZ* 79 (1965) 285-290.

FRISK 1960 — H. FRISK, *Griechisches etymologisches Wörterbuch.* Band I. Heidelberg 1960.

FRISK 1970 — H. FRISK, *Griechisches etymologisches Wörterbuch.* Band II. Heidelberg 1970.

FRISK 1972 — H. FRISK, *Griechisches etymologisches Wörterbuch.* Band III. Heidelberg 1972.

FsAbaev — *Voprosy iranskoj i obščej filologii* [Fs. für V. I. Abaev zum 70. Geburtstag]. Tiflis 1977.

FsDečev — *Izsledvanija v čest na akad. Dimitъr Dečev.* Sofia 1958.

FsHumbach — *Studia Grammatica Iranica.* Festschrift für Helmut Humbach. München 1986.

FsIordan — *Omagiu lui Iorgu Iordan cu prilejul împlinirii a 70 de ani.* Bukarest 1958.

FsPagliaro — *Studia Classica et Orientalia Antonino Pagliaro Oblata.* I-III. Rom 1969.

FsPokorny — *Beiträge zur Indogermanistik und Keltologie, Julius Pokorny zum 80. Geburtstag gewidmet.* [*IBK* 13]. Innsbruck 1967.

FsSchmidt — *Indogermanica et Caucasica.* Festschrift für Karl Horst Schmidt zum 65. Geburtstag. Berlin – New York 1994.

FsStreitberg — *Streitberg-Festgabe.* Leipzig 1924.

FsSzemerényi — *Studies in Diachronic, Synchronic, and Typological Linguistics. Festschrift ... O. Szemerényi ...* I-II. Amsterdam 1979.

GARDINER-GARDEN 1987 — J. R. GARDINER-GARDEN, Dareios' Scythian Expedition and its Aftermath. *Klio* 69 (1987) 326-350.

GERSHEVITCH 1992 — I. GERSHEVITCH, Linguistic geography and historical linguistics. *PosAttLing* 165-181.

GINDIN 1980 — L. A. GINDIN, Členenie skifskich plemen v svete semantičeskoj distribucii glagolov obitanija v IV kn. Gerodota. *Simpozium Antičnaja Balkanistika* (Moskau 1980; ~ *IC* 27b, 33) 8-14.

GINDIN 1984 — L. A. GINDIN, Členenie skifskich plemen po dannym lingvofilologičeskogo analiza (Gerodot, kn. IV). *ĖnBiSP* 36-42.

GRANTOVSKIJ 1960 — Ė. A. GRANTOVSKIJ, Indo-iranskie kasty u skifov. *XXV Meždunarodnyj kongress vostokovedov. Doklady delegacii SSSR* (Moskau 1960) 1-22.

GRANTOVSKIJ – RAEVSKIJ 1984 — Ė. A. GRANTOVSKIJ – D. S. RAEVSKIJ, Ob iranojazyčnom i "indo-arijskom" naselenii Severnogo Pričernomor'ja v antičnuju ėpochu. *ĖnBiSP* 47-66.

GsGüntert — *Antiquitates Indogermanicae. Gedenkschrift für Hermann Güntert.* [*IBS* 12]. Innsbruck 1974.

GsMorgenstierne — *Monumentum Georg Morgenstierne*. I, II. [*Acta Iranica* 21, 22]. Leiden 1981-1982.

HARMATTA 1988 — J. HARMATTA, Herodotus, Historian of the Cimmerians and of the Scythians. In: *Hérodote et les Peuples non Grecs* (Vandœuvres – Genève 1988) 115-130. [= HARMATTA 2002, 207-216].

HARMATTA 2002 — J. HARMATTA, *Selected Writings. West and East in the Unity of Ancient World.* Debrecen 2002.

HARTOG 1979 — F. HARTOG, La question de nomadisme: les Scythes d'Hérodote. *AAntH* 27 (1979) 135-148.

Hdt — Herodot.

HINZ 1975 — W. HINZ, *Altiranisches Sprachgut der Nebenüberlieferungen.* [*Göttinger Orientforschungen* III: 3]. Wiesbaden 1975.

HOFFMANN 1957 — K. HOFFMANN, Zwei vedische Wortsippen. *MSS* 10 (1957) 59-71. [= HOFFMANN 1976, 411-421].

HOFFMANN 1976 — K. HOFFMANN, *Aufsätze zur Indoiranistik.* Herausgegeben von J. NARTEN. Band 2. Wiesbaden 1976.

HOLZER 1988 — G. HOLZER, Namen skythischer und sarmatischer Stämme. *AÖAW* 125 (1988) 193-213.

HOLZER 1989 — G. HOLZER, *Entlehnungen aus einer bisher unbekannten indogermanischen Sprache im Urslavischen und Urbaltischen.* [*SbÖAW* 521]. Wien 1989.

HS — *Historische Sprachforschung*. Göttingen.

HUMBACH 1960 — H. HUMBACH, Scytho-Sarmatica. *WSlav* 5 (1960) 322-328.

HUYSE 1998 — P. HUYSE, Gab es eine Lautentwicklung /k/ → /x/ im „Skytho-Sarmatischen"? *Hyperboreus* 4 (1998) 167-190.

IBK — *Innsbrucker Beiträge zur Kulturwissenschaft.*

IBS — *Innsbrucker Beiträge zur Sprachwissenschaft.*

IC — *Indogermanische Chronik.* Bibliographischer Anhang zu *Die Sprache* (Wien) 13ff.

IEStBull — *Indo-European Studies Bulletin*. University of California at Los Angeles.

IF — *Indogermanische Forschungen*. Zuletzt Berlin – New York.

IIJ — *Indo-Iranian Journal*. Zuletzt Dordrecht – Boston – London.

IKĖFSN — *Istorija, Kul'tura, Ėtnografija i Fol'klor Slavjanskich Narodov. VIII Meždunarodnyj S"ezd Slavistov ... Doklady sovetskoj delegacii*. Moskau 1978.

IPNB — *Iranisches Personennamenbuch.* Wien.

ISAEV 1970 — M. I. ISAEV, K charakteristike istoričeskogo razvitija iranskogo vokalizma (ob odnom svidetel'stve skifskogo jazyka). *Iranskaja filologija* I (Dušanbe 1970) 91-98.

ISAEV 1977 — M. I. ISAEV, Ob odnom svidetel'stve skifskogo jazyka (k charakteristike istoričeskogo razvitija iranskogo vokalizma). *Fs Abaev* 131-138.

ISEBAERT 1982 — L. ISEBAERT, Encore grec τάρανδ(ρ)ος 'renne'. *Glotta* 60 (1982) 62-65.

IVANTCHIK 1999 — A. I. IVANTCHIK, Une légende sur l'origine des Scythes (Hdt. IV, 5-7) et le problème des sources du *Scythicos logos* d'Hérodote. *Revue des Études Grecques* 112 (1999) 141-192.

IVANTCHIK 2005 — A. IVANTCHIK, La chronologie des cultures pré-scythe et scythe: Les données proche-orientales et caucasiennes. *Iranica Antiqua* 40 (2005) 447-460.

JACOBSOHN 1927 — H. JACOBSOHN, Σκυθικά. *KZ* 54 (1927) 254-286.

JIES — *Journal of Indo-European Studies*. Zuletzt Washington (D.C.).

JUSTI 1895 — F. JUSTI, *Iranisches Namenbuch*. Marburg 1895. [Reprogr. Nachdruck Hildesheim 1963].

JUSTI 1896-1904 — F. JUSTI, Geschichte Irans von den ältesten Zeiten bis zum Ausgang der Sāsāniden. *Grundriß der Iranischen Philologie* II (Straßburg 1896-1904) 395-550.

KINDSTRAND 1981 — J. F. KINDSTRAND, *Anacharsis*[.] *The Legend and the Apophthegmata*. Uppsala 1981.

KLEJN 1987 — L. S. KLEJN, Indoarii i skifskij mir; obščie istoki ideologii. *NAA* 1987/5, 63-96.

KLEMPERER 1958 — V. KLEMPERER, Die Reise des jungen Anacharsis. *FsIordan* 477-484.

KLINKOTT 2005 — H. KLINKOTT, Skythen. *Reallexikon der germanischen Altertumskunde* 29 (Berlin – New York 2005) 36b-40b.

KLUGE – SEEBOLD 2002 — F. KLUGE, *Etymologisches Wörterbuch der deutschen Sprache*. Bearbeitet von E. SEEBOLD. 24., durchgesehene und erweiterte Auflage. Berlin – New York 2002.

KOTHE 1967 — H. KOTHE, Pseudoskythen. *Klio* 48 (1967) 61-79.

KOTHE 1968 — H. KOTHE, Die königlichen Skythen und ihre blinden Knechte. *Das Verhältnis von Bodenbauern und Viehzüchtern in historischer Sicht* (*VIO* 69, 1968) 97-110.

KOTHE 1969 — H. KOTHE, Der Skythenbegriff bei Herodot. *Klio* 51 (1969) 15-88.

KRISTENSEN 1988 — A. K. G. KRISTENSEN, *Who were the Cimmerians, and where did they come from?* Kopenhagen 1988 (~ R. SCHMITT, *IC* 33, A 250, S. 151j-151k).

Ktema — *Ktema. Civilisations de l'Orient, de la Grèce et de Rome Antiques*. Straßburg.

KZ — *Zeitschrift für Vergleichende Sprachforschung*. Begründet von A. KUHN. Zuletzt Göttingen.

LAGARDE 1866 — P. DE LAGARDE, *Gesammelte Abhandlungen*. Leipzig 1866. (Neudruck Osnabrück 1966).

LATTE 1953 — K. LATTE, *Hesychii Alexandrini Lexicon*. Recensuit et emendavit. Volumen I. Hauniae 1953.

LATTE 1966 — K. LATTE, *Hesychii ... Lexicon* ... (~ LATTE 1953) ... Volumen II, 1966.

LECOQ 1987 — P. LECOQ, Le mot *farnah-* et les Scythes. *CRAI* 1987, 671-682.

LÉVI 1981 — E. LÉVI, Les origines du mirage scythe. *Ktema* 6 (1981) 57-68.

LOMA 2000 — A. LOMA, Skythische Lehnwörter im Slavischen. *Studia Etymologica Brunensia* 1 (2000) 333-350.

LUBOTSKY 2002 — A. LUBOTSKY, Scythian elements in Old Iranian. In: SIMS-WILLIAMS 2002, 189-202.

MAYRHOFER 1970 — M. MAYRHOFER, Germano-Iranica. *KZ* 84 (1970) 224-230. [= MAYRHOFER 1979, 120-126].

MAYRHOFER 1979 — M. MAYRHOFER, *Ausgewählte Kleine Schriften* [I], hrsg. von S. DEGER – JALKOTZY und R. SCHMITT. Wiesbaden 1979.

MAYRHOFER 1979a — M. MAYRHOFER, *Die altiranischen Namen* [*IPNB* I]. Wien 1979.

MAYRHOFER 1992 — M. MAYRHOFER, *Etymologisches Wörterbuch des Altindoarischen*. Band I. Heidelberg 1992.

MAYRHOFER 1996 — M. MAYRHOFER, *Etymologisches Wörterbuch des Altindoarischen*. Band II. Heidelberg 1996.

MAYRHOFER 2001 — M. MAYRHOFER, *Etymologisches Wörterbuch des Altindoarischen*. Band III. Heidelberg 2001.

MAYRHOFER 2002 — M. MAYRHOFER, Zur Vertretung der indogermanischen Liquiden in den indo-iranischen Sprachen. *Indologica Taurinensia* 28 (2002 [= 2004]) 149-161.

MAYRHOFER 2003 — M. MAYRHOFER, *Die Personennamen in der Ṛgveda-Saṁhitā*. [*SbBayerAW* 2002, 3]. München 2003.

MAYRHOFER 2005 — M. MAYRHOFER, *Die Fortsetzung der indogermanischen Laryngale im Indo-Iranischen*. [*SbÖAW* 730]. Wien 2005.

MAYRHOFER 2005a — M. MAYRHOFER, János Harmatta. *AlmÖAW* 115 (2005) 515-521.

MORGENSTIERNE 2003 — G. MORGENSTIERNE, *A New Etymological Vocabulary of Pashto*. Wiesbaden 2003.

MSS — *Münchener Studien zur Sprachwissenschaft*. München.

MÜLLENHOFF 1866/1892 — K. MÜLLENHOFF, *Deutsche Altertumskunde*. III. Berlin 1892. [Der Abschnitt 101-125 zuerst in den Monatsberichten der Berliner Akademie 1866].

NAA — *Narody Azii i Afriki*. Moskau.

NADEL 1967/1969 — B. NADEL, Napis erekcyjny z Tanais (Titulus aedificatorius in loco veteris Tanaidis repertus). *Eos* 57, 1 (1967/1969) 79-85.

NARTEN 1968 — J. NARTEN, Ved. *iláyati* und seine Sippe. *IIJ* 10 (1968) 239-250. [= NARTEN 1995, 63-74].

NARTEN 1995 — J. NARTEN, *Kleine Schriften*, Band I. Herausgegeben von M. ALBINO und M. FRITZ. Wiesbaden 1995.

NYBERG 1938 — H. S. NYBERG, *Die Religionen des Alten Iran*. Leipzig 1938. [Nachdruck Osnabrück 1966].

PBA — *Proceedings of the British Academy*. Oxford etc.

PETROV 1968 — V. P. PETROV, *Skifi. Mova i etnos*. Kiev 1968.

PIRART 1998 — É. PIRART, Le nom des Arimaspes. *BAEspOr* 34 (1998) 239-260.

POKORNY 1959 — J. POKORNY, *Indogermanisches Etymologisches Wörterbuch*. I. Band. Bern – München 1959.

PosAttLing — *Convegno sul tema: La posizione attuale della linguistica storica nell'ambito delle discipline linguistiche. Atti dei Convegni Lincei* 94. Rom 1992.

POWELL 1938 — J. E. POWELL, *A Lexicon to Herodotus*. Cambridge 1938 [Hildesheim ²1966].

RAEVSKIJ — s. GRANTOVSKIJ.

RB — *Revue Biblique*. Paris.

RÖMER 1989 — R. RÖMER, *Sprachwissenschaft und Rassenideologie in Deutschland*. 2. verb. Auflage, München 1989.

ROSÉN 1987 — H. B. ROSÉN, *Herodoti Historiae*. Vol. I libros I-IV continens. Leipzig 1987.

SbBayerAW — *Sitzungsberichte der Bayerischen Akademie der Wissenschaften*. Phil.-hist. Klasse. München.

SbÖAW — *Sitzungsberichte der Österreichischen Akademie der Wissenschaften*. Phil.-hist. Klasse. Wien.

SCHLERATH 1996 — B. SCHLERATH, Georges Dumézil und die Rekonstruktion der indogermanischen Kultur. 2. Teil. *Kratylos* 41 (1996) 1-67.

SCHMEJA 1974 — H. SCHMEJA, Griechen und Iranier. *GsGüntert* 377-389.

SCHMEJA 1981 — H. SCHMEJA, Rez. von SZEMERÉNYI 1980. *BNF* N. F. 16 (1981) 352-353.

SCHMID 1994 — W. P. SCHMID, *Linguisticæ Scientiæ Collectanea. Ausgewählte Schriften*. Berlin – New York 1994.

SCHMITT 1989 — R. SCHMITT (ed.), *Compendium Linguarum Iranicarum*. Wiesbaden 1989.

SCHMITT 1989a — R. SCHMITT, Andere altiranische Dialekte (2.3); Skythisch (2.3.7). In: SCHMITT 1989, 86-94 bzw. 92-94.

SCHMITT 2000 — R. SCHMITT, *Die iranischen Sprachen in Geschichte und Gegenwart*. Wiesbaden 2000.

SCHMITT 2003 — R. SCHMITT, Die skythischen Personennamen bei Herodot. *AnnOrNap* 63 (2003) 1-31.

SCHMITT 2003a — R. SCHMITT, *Meno-logium Bagistano-Persepolitanum. Studien zu den altpersischen Monatsnamen und ihren elamischen Wiedergaben*. [*SbÖAW* 705]. Wien 2003.

SCHMITT 2003b — R. SCHMITT, Die Sprache der Meder – eine große Unbekannte. In: *Continuity of Empire (?): Assyria, Media, Persia*. Padua 2003, 23-36.

SCHMITT 2004 — R. SCHMITT, Hesychios. *EncIran* 12 (2004) 306a-308a.

SCHMITT 2005 — R. SCHMITT, Rez. von SIMS-WILLIAMS 2002. *Kratylos* 50 (2005) 71-79.

SCHMITT 2006 — R. SCHMITT, *Iranische Anthroponyme in den erhaltenen Resten von Ktesias' Werk*. [*SbÖAW* 736]. Wien 2006.

SCHRAMM 1973 G. SCHRAMM, *Nordpontische Ströme. Namenphilologische Zugänge zur Frühzeit des europäischen Ostens*. Göttingen 1973.

SCHULENBURG 1973 S. VON DER SCHULENBURG. *Leibniz als Sprachforscher*. Frankfurt a. M. 1973.

SEDOV 1978 V. V. SEDOV, Slavjane i Irancy v drevnosti. *IKĖFSN* 227-240.

SIMS-WILLIAMS 1989 N. SIMS-WILLIAMS, Eastern Middle Iranian. In: SCHMITT 1989, 165-172.

SIMS-WILLIAMS 2002 N. SIMS-WILLIAMS (ed.), *Indo-Iranian Languages and Peoples* [*PBA* 116]. Oxford etc. 2002

STERN 1914 S. STERN, *Anacharsis Cloots*[,] *der Redner des Menschengeschlechts. Ein Beitrag zur Geschichte der Deutschen in der Französischen Revolution*. Berlin 1914.

SULIMIRSKI – TAYLOR 1991 T. SULIMIRSKI – T. TAYLOR, The Scythians. *The Cambridge Ancient History*, 2nd ed., Vol. III, Part 2 (Cambridge etc. 1991) 547-590.

SZEMERÉNYI 1980 O. SZEMERÉNYI, *Four Old Iranian ethnic names. Scythian – Skudra – Sogdian – Saka*. [*SbÖAW* 371]. Wien 1980. [= SZEMERÉNYI 1987-1991, 2051-2093].

SZEMERÉNYI 1987-1991 O. SZEMERÉNYI, *Scripta Minora. Selected Essays in Indo-European, Greek, and Latin*. 4 Bde. [durchpaginiert]. Innsbruck 1987-1991 [+ Word Index 1992].

TAYLOR s. SULIMIRSKI.

THORDARSON 1989 F. THORDARSON, Ossetic. In: SCHMITT 1989, 456-479.

TPS *Transactions of the Philological Society*. Oxford.

TREMBLAY 2005 X. TREMBLAY, Iranian Historical Linguistics in the Twentieth Century. *IEStBull* 11 (2005) 1-23.

TRUBAČEV 1976 O. N. TRUBAČEV, O Sindach i ich jazyke. *VJa* 1976/4, 39-63.

TRUBAČEV 1977 O. N. TRUBAČEV, Nichtskythisches im Skythien Herodots. *IF* 82 (1977) 130-135.

TRUBAČEV 1977a O. N. TRUBAČEV, Lingvističeskaja periferija drevnejšego slavjanstva. Indoarijcy v Severnom Pričernomor'e. *VJa* 1977/6, 13-29.

TRUBAČEV 1978 O. N. TRUBAČEV, Nekotorye dannye ob indoarijskom jazykovom substrate Severnogo Kavkaza v antičnoe vremja. *VDI* 1978/4, 34-42. [~ *IC* 22a, 669; 25b, 133].

TRUBAČEV 1979 O. N. TRUBAČEV, Ein Fall der Typologie: Das Problem der „Alten Arier" und die arische Trennung. *FsSzemerényi* 903-908.

TRUBAČEV 1979a O. N. TRUBAČEV, „Staraja Skifia" ('Αρχαίη Σκυθίη) Gerodota (IV, 99) i slavjane. Lingvističeskij aspekt. *VJa* 1979/4, 29-45.

TRUBAČEV 1980 O. N. TRUBAČEV, Indoarica v Skifii i Dakii. *Simpozium Antičnaja Balkanistika* (Moskau 1980; ~ *IC* 27b, 33) 59-63.

TRUBAČEV 1981 O. N. TRUBAČEV, Indo-Arica dans la Scythie. *Ponto-Baltica* 1 (1981) 125-130. [~ M. POETTO, *IC* 28b, 174].

TRUBAČEV 1982 O. N. TRUBAČEV, *Indoarica* v Severnom Pričernomor'e. *Ėtimologija* 1982, 140-148. [~ *IC* 31b, 171].

TRUBAČEV 1984 O. N. TRUBAČEV, *Indoarica* v Skifii i Dakii. *ĖnBiSP* 148-152.

V23/71 Kurzform (ab § **3.1**, s. Anm. 12) für „VASMER 1923/1971".

VASMER 1923/1971 M. VASMER, *Untersuchungen über die ältesten Wohnsitze der Slaven. I: Die Iranier in Südrußland.* Leipzig 1923. [Nachdruck in VASMER 1971, 106-170].

VASMER 1924/1971 M. VASMER, Iranisches in Südrußland. *FsStreitberg* 367-375. [Nachdruck in VASMER 1971, 171-178].

VASMER 1928/1971 M. VASMER, Skythen. B. Sprache. In: *Reallexikon der Vorgeschichte* 12 (Berlin 1928) 236a-251a. [Nachdruck in VASMER 1971, 179-199].

VASMER 1953 M. VASMER, *Russisches Etymologisches Wörterbuch.* Erster Band. Heidelberg 1953.

VASMER 1971 M. VASMER, *Schriften zur slavischen Altertumskunde und Namenkunde.* Hrsg. von Herbert BRÄUER. I. Band. Berlin 1971.

VDI *Vestnik Drevnej Istorii.* Moskau.

VIO *Veröffentlichungen des Instituts für Orientforschung.* Berlin.

VITČAK 1992 K. T. VITČAK [= WITCZAK], Skifskij jazyk: opyt opisanija. *VJa* 1992/5, 50-53.

VJa *Voprosy Jazykoznanija.* Moskau.

WALDE – HOFMANN 1954 A. WALDE, *Lateinisches Etymologisches Wörterbuch.* 3. neubearbeitete Auflage von J. B. HOFMANN. Zweiter Band. Heidelberg 1954.

WIESNER 1973 J. WIESNER, *Die Kulturen der frühen Reitervölker.* Frankfurt a. M. 1973.

WITCZAK s. VITČAK.

WOLFRAM 1985 H. WOLFRAM, Ethnogenesen im frühmittelalterlichen Donau- und Ostalpenraum (6. bis 10. Jahrhundert). In: H. BEUMANN – W. SCHRÖDER (edd.), *Frühmittelalterliche Ethnogenese im Alpenraum* (Sigmaringen 1985) 97-151.

WOLFRAM 1990 H. WOLFRAM, *Die Goten.* 3. Auflage, München 1990.

WSlav *Die Welt der Slaven.* München.

WÜST 1966 W. WÜST, *Altpersische Studien. Sprach- und kulturgeschichtliche Beiträge zum Glossar der Achämeniden-Inschriften.* [= Ῥῆμα 8-11, 1962-1965]. München 1966.

WZKM *Wiener Zeitschrift für die Kunde des Morgenlandes.* Wien.

ZGUSTA 1955 L. ZGUSTA, *Die Personennamen griechischer Städte der nördlichen Schwarzmeerküste. Die ethnischen Verhältnisse, namentlich das Verhältnis der Skythen und Sarmaten, im Lichte der Namenforschung.* Prag 1955.

REGISTER

I. Sprachliche Register

A. Skythisch (*bzw. „Skythisch“*)

Reihung des lat. Alphabets; gr. <ζ> hat den Standort von /ts/, <θ> den von /th/, <ξ> den von /ks/, <φ> den von /ph/, <χ> den von /kh/, ʽ nimmt an der Reihung nicht teil.

B. Indo-Iranische Sprachen (außer Skythisch)

Reihung des lat. Alphabets. – <θ> hat den Standort von /th/; ’, ‘ und ə nehmen an der Reihung nicht teil.

C. Griechisch

D. Übrige Sprachen

ʾ wird bei der Reihung nicht beachtet.

II. Sach-, Stellen- und Personenregister

S. auch Register III.

III. AUTOREN-REGISTER

S. auch Register II.